>>前 言

“太极”是我国哲学中的一个术语，指派生万物的本原。太极拳，是以太极之理立论的一种拳术。古代以双鱼形太极图表示太极之理。初传于河南陈家沟的太极拳即依太极图解释拳理，规范拳技。

古人认为，阴阳两者相互不离，相互消长，相互转化，产生了万物，万物中都包含了此理。在太极拳中，表现为动静、刚柔、虚实、开合等对立统一的状态。

太极拳不仅是一种防身的武术，还是一种高级的运动锻炼形式。太极拳讲究通过“静中求动”，达到静中有动，即身体处于相对静止，要求意气周流，呈外静内动之象，具体体现于练拳的预备势和收势。太极拳还讲究通过“动中求静”，达到动中有静，即肢体运转时，内意要专著守一，内气要平缓如一，出现相对的内静。这就很适合中老年朋友进行健身锻炼。此外，练习太极拳对一些疾病也有很好的辅助治疗作用。

从中医学来看，它能调和阴阳，疏导气血，通畅经络，充实内脏，从而使“阴平阳秘”“精神内守”“正气存内”，增强身体的抵抗力，提高自身的免疫能力，起到祛病延年、养生长寿的作用。在骨骼代谢方面，太极拳运动也有很好的保健治疗作用。随着年龄的增长，人体各器官逐渐衰老，骨骼方面表现得特别明显，如脊椎骨变得松软，长出许多骨突增生，甚至形成骨刺，严重者形成驼背，导致腰痛等症状。而练习太极拳正好可以解决这些问题。

关于太极拳的其他医疗价值，中医和西医都已经给出了很好的评价和肯定。只要经常操练太极拳，坚持运动，就可以起到强身健体的作用。

本书收录了简化太极拳、二十四式太极拳、四十二式太极拳、四十八式太极拳的练习方法。本书文字简明扼要，图形清晰易懂，图文对应。其中，动作线路图（套路图）既标明了动作名称，又标明了动作编号，易于与文字、图形对照；同时，还有练拳释疑、武当太极拳功架歌诀和太极拳散手秘诀等，非常适合初学者阅读。因此，我们相信，这本书能够得到更多新老读者的欢迎。

本书虽经我们反复审校，但书中不尽或不当之处，在所难免，恳请广大读者和专家、学者批评指正，以便进一步修正。

中华传统保健文化

图解太极拳养生大全

国医编委会 主编

黑龙江科学技术出版社

图书在版编目(CIP)数据

图解太极拳养生大全 / 国医编委会主编. -- 哈尔滨:
黑龙江科学技术出版社, 2014.5（2020.5重印）
ISBN 978-7-5388-7814-1

Ⅰ. ①图… Ⅱ. ①国… Ⅲ. ①太极拳－养生（中医）
－图解 Ⅳ. ①G852.11-64②R212-64

中国版本图书馆CIP数据核字(2014)第089167号

图解太极拳养生大全

TUJIE TAIJIQUAN YANGSHENG DAQUAN

主　　编　国医编委会
责任编辑　闫海波　王　研
封面设计　盛世博悦
出　　版　黑龙江科学技术出版社
　　　　　地址：哈尔滨市南岗区公安街70-2号　邮编：150007
　　　　　电话：（0451）53642106　传真：（0451）53642143
　　　　　网址：www.lkcbs.cn
发　　行　全国新华书店
印　　刷　北京一鑫印务有限责任公司
开　　本　787mm×1092mm　1/16
印　　张　18
字　　数　280千字
版　　次　2014年5月第1版　2020年5月第3次印刷
书　　号　ISBN 978-7-5388-7814-1
定　　价　69.00元

目录

Contents

第一篇　太极拳综述

第二篇　太极拳操练须知

第三篇　太极拳练功心法歌诀

第四篇　二十四式太极拳

第五篇　四十二式太极拳

第六篇 四十八式太极拳

第七篇 八十八式太极拳

第一篇　太极拳综述

一、太极拳的起源及流派

据专家考证，太极拳起源于明朝中期，距今已有六七百年的历史。发源地为河南省温县陈家沟。创始人是陈氏九世祖陈王廷。

陈王廷的祖先原为山东人氏，明洪武七年（1374 年）始祖陈卜迁居河南，陈氏家谱从此人开始。第九世传人陈王廷，明朝时曾建显赫战功；入清后退隐家园，他“叹当年，披坚执锐、扫荡群寇，几经历险。蒙恩赐，枉徒然。到而今，年老残喘，只落得，《黄庭》一卷随身伴。闲来时造拳，忙来时耕田。趁余闲，教下些弟子儿孙，成龙成虎任方便……”

陈王廷造拳并非凭空臆造，而是博采当时各家拳法之精华，潜心钻研、刻苦操练的结果。其采撷的主要拳法来自三个方面：其一是取材于明代著名平倭大将戚继光所著的《拳经》三十二势，而此拳法又来源于流传当世的十六家拳法（包括宋太祖的长拳三十六势在内）；其二是陈氏祖先曾从一个姓郑的人那里学得山西龙凤姬所创的开合拳（形意拳），并代代传习下来；其三，陈王廷多年在外，阅历甚广，自当采集流传于民间的多种拳法，以丰富自己的造拳，经过多年的观摩、习练、创新，陈王廷最终创编了长拳十三势、炮捶等拳术。其子孙世代相传，并不断有所创新。传到十四世陈长兴（1771～1853）时，已日臻成熟、成套，习练的人也更多。在此基础上，出现了总结前人拳法的陈氏家传《三三拳谱》等著作。到了十六世陈鑫，更加全面深入地撰写了《太极拳图序言》等传世太极拳的著作。

太极拳原为陈氏世代家传，不传外姓人。至清代中叶，直隶（今河北）杨露蝉（1799～1872）、武禹襄（1812～1880）先后去陈家学拳后，太极拳才逐渐在社会上流传，并形成五大流派。

1. 陈式太极拳

陈式太极拳为温县陈氏世传太极拳原式。其特点是刚柔相济、快慢相兼。又称大架势，著名传人有：十四世陈长兴、十五世陈清萍、十六世陈鑫。陈式又有老架、新架两派。新架由老架衍化而来，拳法更加紧凑，出自温县赵堡镇陈氏后代，又称赵堡派。

2. 杨式太极拳

杨露蝉从陈长兴处学拳，得老架之传而创杨式。传至其孙杨澄甫（1883～1936）而定型。其特点是拳式开展、舒展大方、动作柔和，也属大架势，流传极广。著名传人有：杨露蝉之子杨班侯（1837～1892）、杨健侯（1839～1917）、杨健侯之子杨少侯（1862～1930）、杨澄甫。杨澄甫先生在民国时期曾任南京中央国术馆、浙江省国术馆教务长，著有《太极拳体用全书》。其弟子河北省的李雅轩（1894～1976），对太极拳的推广（特别是在全国的推广）作出了贡献。现在广泛流行的简化太极拳，以及八十八式太极拳，就是国家体委根据杨式太极拳整理编成的。

3. 吴式太极拳

满族人吴全佑（1834～1903）师从杨露蝉、杨班侯父子学拳，传其子吴鉴泉（1870～1942）而创吴式。其特点是架势紧凑，长于柔化，又称中架势，流行于我国南方及东南亚诸国。

4. 武式太极拳

由武禹襄创立。武师承陈氏十五世陈清萍，学得新架太极拳，并加以创新。其特点紧凑轻捷，尤以武式太极推手著称于世，又称小架势。武式太极推手，着重于身法、步法，其技听、引、化、拿之劲法又以多变式实用而著称。

5. 孙式太极拳

创始人孙禄堂（1861～1932）以形意、八卦名家而从武禹襄的再传弟子郝为真学艺而创孙式。其特点是小巧紧凑，步活身灵，也属小架势。由于用阴阳开合之说，故又称开合太极拳。

二、太极拳名人轶事

太极拳流传已久，名人轶事颇多，限于篇幅所限，仅选数例以飨读者。

1. 长寿者多

著名的太极拳师多长寿：陈长兴八十二岁，杨露蝉八十三岁，杨健侯七十八岁，孙禄堂七十二岁，杨澄甫七十三岁，吴鉴泉七十二岁，李雅轩八十三岁。值得说明的是：上述拳师与现代人相比，其寿命并不是特别高。但以上拳师多数生活在清朝后期至民国时期，战乱频繁，社会动荡，处境险恶，生活环境相当差，同时代的人平均寿命较短，一般在五十岁左右，能活到古稀之年，已属难能可贵了。

2. 轻功绝伦

杨露蝉虽年逾八旬，仍每日练功不息。有一次，雨天道路泥泞，他步行到一朋友家，主人发现其所穿布鞋鞋底还是洁白如新，只有很少的污泥、雨渍。原来，杨露蝉用的是上乘踏雪无痕功夫，能把全身提起，快步而行。

3. 力敌万钧

著名拳师都武德高尚，平时尽量避免与人比武。北京有个自称提起万斤重物的人曾多次向杨班侯挑战，杨最终应约在北京西四牌楼比武。“万斤力”长得虎背熊腰，声音如雷，气势咄咄逼人。比武场原有一块高5米、宽1米、厚60厘米的石碑。杨班侯站在碑前，比武开始后“万斤力”先发招，一记“黑虎掏心”向杨班侯当胸一拳，杨侧身一闪，此拳击中石碑，立刻碎为数块。数千名观众骇然心惊，而杨班侯毫无惧色。待“万斤力”再次直取杨班侯的面门时，只见杨班侯大喝一声，举双手向上一分，

"万斤力"已仰面跌出数米之外，摔得头破血流，半天爬不起来。

4. 粘劲提桌

杨班侯有一爱女，正当妙龄，突发急病身亡。杨闻讯从外地赶回家中，女已盖棺入殓，在悲痛欲绝之时，他双手往桌上一拍，再一提，桌子已被吸起离地一尺多（1尺≈0.33米）；他的身体亦腾空数尺，如悬空中，旁观者惊得目瞪口呆。原来这是杨班侯悲痛之极，不自觉地流露出太极拳的粘劲绝技和轻功飞腾之术。

5. 飞弹击蚊

李雅轩除了有深厚的太极拳功夫外，还善于劈剑和打弹弓。他的一手绝技名叫"天鹅下蛋"，能在数十步外，百发百中。他先将一钢弹射向空中，接发第二弹击中第一弹，接发第三弹又可把第二弹打飞。蚊子在墙边飞，李雅轩可用湿黄泥弹射之，泥弹贴于墙上，蚊虫被贴在泥弹里。在数十米外用弹弓射门，能将包着铁皮的门打烂，足见其内功非同一般。

三、学太极拳前的准备

怎样学好太极拳，名家著述和介绍的经验已有很多了，这里仅就大的方面简略地提出几点，供初学者参考。至于太极拳的保健作用、练拳应注意的问题、练拳歌诀、练拳释疑等，均见本书附录，在此不一一赘述。

1. 树立"三心"

一是要细心。太极拳的各种动作对手、脚、腿、身要求各有不同，动作起来又有不同的手法、脚法、腿法、身法，一招一式，只有细心学习，反复揣摩才能学会。

二是要耐心。学会一路拳，往往要反复练习千百次。如要多学一点，学深一点，必须更加耐心。那种贪多图快、浅尝辄止的人是学不好的。

三是要有恒心。要做到拳不离手，坚持天天练，年年练，练它一辈子。一曝十寒、朝三暮四也是学不好的。

2. 勤于“三学”

首先是向书本学。在未找到良师益友前，按照有关太极拳的书籍，学习前人练拳经验，按照图形及说明模仿练习，仍不失为初学入门的一种方法。

其次是向朋友学。多多交结学习太极拳的拳友，互相学习交流，能者为师。

三是拜师学艺。要想学到好一点、深一点的上乘太极拳功夫，必须找到好老师。参加一些学习班以及武术学校，是寻找良师的一个门路。如能拜到良师以至名师，学起功夫来就会事半功倍。

3. 抓住五个要点

一是细心学习套路动作，掌握一般规则和要领。特别要注意太极拳动作不离圆圈、圆弧、柔和缓慢、连绵不断的特点。

二是在初步熟悉动作后，就要在师友的指导下，认真纠正不正确的姿势，打下良好的学拳基础。

三是静心松身。学拳是否有进展，就是看你静心（排除杂念）、松身（全身处处放松、柔软）达到何种程度。

四是行气用意。对呼吸初步要求呼吸深长、顺畅，再进一步要求呼吸与动作相配合。行气用意即要求用意识去指挥动作，将意气贯注于每个动作上。天长日久，便能培养中气，强身健体。

五是要善于自我检验练拳效果。学会多少动作、套路不是学拳的主要目的。主要是看你经过一段时间练拳后，筋骨是否比以前更强壮了，精气是否比以前更充实了，大脑是否比以前更清醒了。具体是看你练完拳后，是否感到身体非常舒适，心情非常愉快，身心是否泰然。若是如此，说明你练拳已得法上路了。

4. 避开“五忌”

学太极拳有“五忌”，若犯“五忌”，实难学好。一是择师不慎，误入旁门左道；二是有不良嗜好（赌、色、酗酒、吸毒等），会将自身精气耗尽；三是信师不坚，不按教师教法练习；四是离师太早，学到一点东西就自恃逞能；五是已练外家硬功，学太极拳会缺乏灵气。

四、太极拳的医疗保健作用

1. 提神健脑，改善神经系统功能

任何一种体育锻炼，如能增强中枢神经系统的机能，对于全身来说，就具有很好的保健作用。练习太极拳，强调要心静，排除一切杂念，将意念贯注于每一个动作中。这与练气功要求入静是一致的。但气功多是在静止的坐、站、卧姿中进行，而太极拳是在动中求静的。练习太极拳要求动作完整，一气呵成，如江河奔流，绵绵不断。要求从眼神到掌（拳）、臂、上体、腿、脚相互协调。同时动作安排也是由简到繁，由一般动作到有较高难度的动作，这就需要神经系统要有良好的支配能力，需要大脑进行紧张的指挥和协调，这都是对中枢神经系统的一种良好的锻炼。大量的实践证明：系统地演练太极拳，能使人感到精神焕发，全身舒适，练习“推手”“散手”，更能使人反应灵敏、全身灵活。一些人通过练习太极拳治愈了神经衰弱、失眠、神经痛等顽症。众多热爱太极拳的古稀老人，仍然耳聪目明、思维敏捷，就是太极拳的健脑益智作用的具体体现。现代人在紧张的工作、学习之余，如能挤出 8～20 分钟时间打一套太极拳，无疑是让大脑进行良好的休息和保健。

2. 防治高血压，避免心血管疾病复发

高血压病是严重危害人类健康的常见疾病之一，又是冠心病、脑梗死（脑卒中、脑出血）、心及肾功能衰竭的最主要发病因素。其死亡率居世界第二位。

某市曾对太极拳能否防治高血压做过专门的调查。在体委、卫生局、总工会联合组织的体育疗法试验班中，30 名高血压病患者每日晨练四十

八式太极拳一小时，两个月为一疗程。经一个疗程锻炼后调查，第一组机能障碍型轻症患者14人，有效率达100%，其中疗效显著和血压恢复正常的分别达35.7%和50%；第二组发生病变型9人，有效率达88.8%，其中疗效显著和血压恢复正常的分占33.3%和11%；第三组发生器质性病变（重症）型7人，有效率达71.4%。

太极拳对高血压，包括其他心血管疾病，为什么有较好的疗效呢？经有关专家研究分析，其主要疗效表现在以下三个方面：一是早期高血压多是由于精神受强烈刺激，长期过度紧张、过度疲劳，使大脑皮层对全身小动脉的调控失常，从而使小动脉处于经常性或周期性痉挛收缩，使血液外周循环阻力增大，血压升高。而太极拳运动要求练习者“静心用意”、“以一念代万念”，把注意力集中在练拳上，日久天长，这种自觉积极的定向心理活动不断强化，逐渐阻断了外来的不良刺激，抑制了原来的“不良兴奋灶”，逐渐恢复了大脑对全身小动脉的正常调节功能，解除了不正常的小血管痉挛，使血压恢复正常。二是部分高血压患者，往往是血液中的血脂（胆固醇、三酰甘油等）含量过高，导致动脉粥样硬化（血管壁增厚、弹性降低、管腔狭窄）而形成高血压。而太极拳活动要求“用意不用力”、“意动身随”，连续不断地进行轻缓肌肉的收缩和放松活动，不少运动呈螺旋形，像拧毛巾似的，对全身皮下血管是一种良性的按摩，并有柔和的扩张作用。同时由于采用腹式呼吸，使胸膈上下运动，腹压周期性变化，这都大大有利于静脉血液的回流，有利于腹腔内和头部、四肢的血液循环，改善全身供血，促使血压恢复正常。三是太极拳运动能促进人体内的新陈代谢，使人体发生一系列有利于健康的生理化学反应。经研究证明，太极拳运动能促进部分腺体的分泌，增加纤维蛋白溶解酶，促进血脂的分解和消耗，防止血栓的形成。经过较长时期的锻炼后，血液中的蛋白含量会增加，球蛋白及胆固醇含量会明显下降。而这些作用对防治冠心病、脑血栓、心肌梗死、脑卒中、肾功能衰竭等心血管疾病都有重要的作用。

3. 改善呼吸，提高肺脏效能

人体依靠肺连续不断地呼吸活动，排出二氧化碳，吸入新鲜空气，将鲜红的血液供应全身，维持生命活动。因此，肺呼吸功能的强弱，对于人的生命和身体健康，至关重要。太极拳运动要求呼吸均匀柔和，经过锻炼进一步达到呼吸深长，呼吸与拳势动作相配合，并提倡腹式呼吸（即主要用横膈膜的升降来呼吸）。研究结果证明：太极拳对保持胸部组织的弹性、胸廓活动度（即预防肋软骨骨质化）、肺的通气及气体代谢功能都有很好的影响。经常练拳的人，往往会出现“两增两降”的可喜表现，即肺活量和血（心）循环增加，每分钟呼吸次数和脉搏跳动次数下降。经过练拳，一些哮喘病患者症状逐渐缓解，甚至痊愈。

4. 强筋壮骨，预防骨骼病变

演练太极拳对全身骨骼、肌肉及关节的影响是明显的。打太极拳时全身肌肉、骨骼、关节都在活动，特别是颈、腰、臂、腿、脚、掌的活动量更大些、更多些。动则血脉通，使细胞组织代谢活跃，病痛不易发生。经过对老年太极拳运动者的调查：发生脊柱畸形的老年太极拳运动者为28.5%，比一般老人低18.7%；发生骨质疏松的占36.6%，比一般老人低27.2%；发生驼背的也远比一般老年人少。所以，经常练太极拳的人能够有效地预防颈椎病、腰肌劳损、风湿性关节炎、股骨头坏死等疾病。

5. 促进消化，增强胃肠功能

首先，由于太极拳运动能够增强神经系统的功能，从而有利于全身其他系统正常、有效的协调工作，所以能预防和治疗某些因神经系统功能紊乱而产生的系统疾病，如胃肠功能紊乱、顽固性的胃溃疡、慢性胃炎等等。其次由于太极拳是肌肉、骨骼和呼吸等部位的协调运动，对肠胃、肝、脾等脏器都起着一种良性的机械刺激（类似按摩）的作用，改善了人体内脏的血液循环，也促进了食物的消化，预防便秘，这对于老年人和慢性病患者都是很重要的。所以，太极拳常常被选作体育医疗的重要项目。

第二篇 太极拳操练须知

一、太极拳对身体各部位姿势的要求

正确的姿势是学好太极拳的基础——基本功，对初学者来说，要把各部位的姿势学正确，要经过一个反复练习、反复纠正的过程，然后才能熟能生巧，达到“明规矩而守规矩，脱规矩而合规矩”的“自动化”境界。因此，单纯追求进度，急于求成是不可取的。

1. 头颈部

（1）头、颈基本要求是正直。颈部端正竖起，肌肉放松。可以想象自己头上顶有一物，或头顶被一绳根悬吊着，即“顶头悬”“虚领顶劲”。这样才能在站立和做动作时，避免头部俯仰歪斜。太极拳强调百会穴（两耳尖联线与头顶前后正中线的交点处）虚向上顶。在意识上要虚虚顶起，若有若无，不可硬往上顶。其好处是：头正有利于身体各部位的放松，避免驼背弯腰，有利于中枢神经系统调节全身的活动，有利于提神醒脑，有利于气沉丹田，有利于百会穴与会阴穴保持“上下一条线”。

（2）口唇轻闭、齿轻合、舌尖轻抵上颚，有助于唾液的分泌（唾液中含有多种有益成分，应随时咽下）。要坚持用鼻呼吸（保持鼻道通畅），呼吸要自然，如有不畅，可以张口呼气，不可闭口憋气，以呼吸绵绵，顺其自然为合适。

2. 上肢部

（1）肩、肘总的要求是“沉肩垂（坠）肘”。具体要求是在有意识的引导下，肩关节充分放松，两肩自然下沉。注意腋下要有空隙，约可容一拳，不可将肘贴于肋部。这样为手臂的伸缩缠绕创造好的条件，活动时如风吹杨柳，灵活自如。同时也有利于“含胸拔背”的形成。

（2）手腕是全身旋转度最大、最灵活的关节。总的要求是“坐腕”。腕部既不强硬，也不软弱，而是柔和而有韧性的运转。到定势时，配合全身的动作有定向的沉着下塌，故亦称“塌腕”。只有这种姿态才有利于外劲、内劲的传导，有利于手做各种拳术动作。

太极拳的主要手型有三种。

掌是最主要的手形。要求五指微屈，自然分开，掌心微含，虎口成弧形。做动作时手指不要用力张开或并紧。以自然舒适为主。由于指尖和掌心所指的方向不同，掌式可分为正掌、立掌、垂掌、仰掌、俯掌、侧掌、反掌七种。

掌与臂配合形成的主要手法有以下十五种：

①掤：前臂成弧形，由下向前掤架，横于体前，掌心向内，高与肩平，着力点在小臂外侧。

②捋：两臂稍屈，两掌心前后斜相对，随上体的转动，双掌由前向后划弧后捋至体侧。

③挤：后掌贴近小臂内侧，双掌同时向前挤，两臂撑圆，高不过肩，低不过胸。着力点在小臂外侧和后掌。

④按：两掌平行由后向前推按。定式时腕高不过肩，微屈臂，并沉肘，掌心向前。

⑤抢掌：两掌心上下相对或稍错开相对，在体前（侧）呈抢球状。上手不过肩，下手不过腹。掌臂均呈圆弧形，松肩垂肘。

⑥分掌：两掌向斜前上方和斜后下方分开。定式时前掌停于头前或体前，后掌按于胯旁或胯后侧，两臂微屈。

⑦搂掌：前掌经膝前上方横搂而过，停于胯侧，掌心向下，掌指向前，臂微屈。

⑧推掌：掌从肩上或耳侧，或胸前由后向前推出，掌心向前，指尖向上。臂微屈，肩肘放松。

⑨穿掌：一掌从另一手臂（或大腿）内侧前伸。

⑩撑掌：两掌对称用力，上下分撑。

⑪压掌：拇指向内，掌心向下，横掌落按。

⑫云手：两掌在体前交叉向两侧划立圆，指尖高不过头，低不过裆。上掌转至体侧时自然翻转向下。两掌相互交替。

⑬托掌：掌心向上，由下往上托举。

⑭采：掌由前向斜下方捋带。

⑮挒：掌向斜外侧断打。

拳是第二种手型。要求五指卷屈，拇指横于食指及中指第二指节上。以自然握拳（松握）为宜，只有拳势到达终点发力时瞬间握紧用力，随后又恢复松握。出拳时拳与小臂应成直线。不可内屈外翻，避免腕部紧张，以利气血流畅，同时利于臂力向拳部的传递。

拳与臂相配合形成的主要拳法有六种：

①冲拳（打拳）：拳从腰间向前打出，带有小臂配合的旋转。拳眼向上为立拳，拳眼向左或右为横拳。高不过肩，低不过裆，要求肘部微屈、不僵硬，力点在拳面。

②掼拳：拳从侧下方向斜上方弧形掼打。肘臂微屈，拳眼斜向下。力点在拳面。

③穿拳：拳沿着对应手臂或大腿内侧前伸。

④栽拳：拳从上向前下方栽打，用横拳，拳眼向左或右。力点在拳面。

⑤撇拳（搬拳）：拳从上或内（屈肘）向前或前上方撇打（翻臂）。定势时拳心斜向上，高度平肩或稍高。力点在拳背。

⑥撩拳：拳经下或腰胯侧向前或前下方撩打，配合臂的由屈到伸的动作，高不过腹。拳眼向一侧，拳面斜向前下。力点在拳面。

钩是第三种手型。五指指尖自然靠拢。或拇指、食指、小指指尖先靠拢，其余两指随后靠拢。两种方法都可以。然后配合腕关节放松，钩尖自然下垂。有时也可钩尖向上。

除上述掌、拳、钩外，由上肢形成的手形还有：

靠即用肩、背或上臂向斜外方发力的动作。

滚肘即小臂竖于体前，用肘部边旋边向外格挡。

3. 下肢部

太极拳论有“其根在脚，发于腿”和“脚打七分手打三”之说。意指腿脚是支撑身体的根基和劲力发动的根源，腿脚姿势是否正确，关系到全身的姿势、动作的稳定、呼吸的顺畅、劲力的完整。因此，一定要重视腿脚的功夫。

具体要求是经过一段时间锻炼后，逐步达到屈膝松胯（髋关节），步分虚实，步伐稳健。松胯要求在做动作时，两胯关节保持竖直，承重均匀转换，保持“尾闾正中”，相应地把裆撑开（圆裆、吊裆），同时配合膝部的微屈、微内扣，达到胯、腿、膝的灵活运转。脚在进步落脚时，脚跟先着地，接着小腿向下松力，重力沿脚外沿从小脚趾向大腿趾依次踏实。脚步后退时先是大脚趾着地，再向小脚趾方向依次踏实。脚趾落实轻轻抓地的同时，用意念将涌泉穴（脚心）轻轻向上提，名为“实中有虚”。

主要步法

上步：后脚向前一步或前脚向前半步。

进步：两脚向前各进一步。

跟步：后脚向前跟进半步。

退步：前脚向后退一步。

撤步：前脚或后脚向后退半步。

侧行步：两脚平行，连续向一侧移步。

横步（开步）：一脚向一侧横移一步或半步。

插步：一脚经支撑脚向后侧方落下。

盖步：一脚经支撑脚向前侧方落下。

碾脚：以脚跟为轴、脚尖外展或内扣；或以脚前掌为轴，脚跟向外展碾。

主要步型

开立步：两脚平行开立，脚尖向前，宽不过肩，两腿直立或屈蹲。

丁步：一腿半屈蹲，全脚着地。另一腿屈收，脚停于支撑脚的前侧、内侧、或后侧附近约一拳距离，脚前掌虚点地。亦叫点步。

独立步：支撑腿微屈站稳，另一腿屈膝上提于体前，大腿呈水平状或膝高至腰腹。

弓步：前腿屈膝，膝不过脚尖；后腿自然伸直，脚尖斜向前，两脚掌全部着地。

仆步：一腿全屈蹲，脚尖稍外展；另一腿向体外自然伸直，与地面斜平行，脚尖稍内扣。两脚掌全着地。

虚步：后腿屈蹲，臀部不超过脚跟，全脚着地，承担身体大部分重量；前腿稍屈，前脚掌、脚尖或脚跟着地。

歇步：两腿交叉屈蹲，后膝抵近前腿膝窝或小腿后面。前脚全脚着地，脚尖外展；后脚前脚掌着地，脚尖向前或稍外展。

马步：双脚横开一大步，脚尖向前，双膝关屈，两腿平均分担体重。

半马步：前脚直向前，后脚尖向外，均全脚着地，两脚相距 2～3 脚长。膝屈蹲腿，重心多移至后腿。

横裆步：两脚左右分开，同弓步宽。一腿半屈蹲，膝与脚尖垂直，承担大部体重。另一腿自然伸直。脚尖均向前，全脚着地。亦叫侧弓步。

主要腿（脚）法

分脚：支撑腿微屈站稳，另一腿屈膝上提，随后小腿上踢，脚面绷平，脚尖向前，高过腰或胸。力点在脚尖。

蹬脚：动作同分脚，区别在于脚尖上钩，脚跟外蹬，力点在脚跟。

拍脚：支撑腿微屈站稳，另一腿向上摆踢，脚面绷平，掌在面前迎拍脚面。

摆莲脚：支撑腿微屈站稳，另一腿向支撑腿前方上踢，经面前向外作扇形摆动，脚面绷平，两掌在面前依次迎拍脚面。

4. 躯干部

（1）胸要求“含胸”。即胸部平正，不挺不缩，不凸不凹，肩锁关节放松，两肩微向前合，两肋微内敛，促使胸腔上下径放长，横膈向下舒降，以形成深长的横膈式呼吸。

（2）背“含胸”与“拔背”是相互联系的。做到了含胸也就做到了拔背。当含胸时，背部肌肉往下松沉，相对的背脊骨有略带上提之意（但不应驼背或故意将肩后拉）。其作用是有利于保持躯干正直，背与腰协同动作带动四肢的运动，并使脊柱得到很好的锻炼。

（3）腹要求逐步形成腹式呼吸，“气沉丹田”（即小腹处）。一般初学或作为医疗性的练拳，只要求腹部肌肉放松，自然呼吸，深长均匀。需要进一步的锻炼时则要求采用逆式或顺式呼吸，意念上作“气沉丹田”的锻炼。

（4）腰是上下体联系转动之关键，对整个动作的协调、劲力的产生和传递都起主要作用。具体要求是：直、松、沉。直就是全身中轴不弯、不动摇，并转动灵活。松和沉就是动作定势时，腰和胯能松开、沉稳。这样有利于重心的稳定，有利于筋骨的放松，有利于蓄养肾气，有利于下一次再发力或动作。

（5）臀主要要求是“敛臀”。练拳时，将臀部自然收进，避免凸臀。这是与松腰直背、圆裆保持“尾闾正中”等要求相配合的。

为了使初学者便于记忆，自我检查。对各部姿势的要求归纳为以下口诀：

心静体松，中正安舒，虚灵顶劲，气沉丹田；
含胸拔背，沉肩坠肘，坐腕舒掌，松腰敛臀；
尾闾正中，屈膝松胯，步分虚实，上下一线。

二、怎样静心松身和行气用意

太极拳集中华悠久历史的吐纳术（气功）、导引术（肢体运动）和拳术于一体，形成内外功法结合、动与静结合的系列拳法，这是它区别于一般拳术和体操运动的主要特征，也是它优越性的体现。

太极拳要求“以心行气”“以气运身”“行气运动须无微不至”“意气合一”“气沉丹田”等等。从这些要求中可以明白：太极拳拳论中的“气”与呼吸中的气虽然有关，但其概念已不是单纯地呼吸用气，而更多的是与人的中枢神经系统（意念活动，神经调节）和祖国医学中的经络学说（经脉和穴位）相联系。这是在概念上必须明确的说明。

现代生理学、医学研究证明，人的精神状态和生理功能有密切的关系，由于各种原因造成的精神紧张、情绪压抑或受到强烈精神刺激，都可造成中枢神经兴奋与抑制失调，甚至紊乱，从而造成各种内分泌失调，引发多种功能性疾病。练习太极拳要求动中求静，即练拳时排除一切杂念，思想高度集中，心中只想做动作，练好拳，“以一念（练拳）代万念”，从而使大脑皮层在保持部分兴奋的情况下而使其他广大区域的兴奋得到抑制，从而有效地消除疲劳。经过长期反复的练习，就会逐渐消除某些疾病在大脑中的恶性循环，治好某些疾病。

练拳时，动与静，松与紧是对立统一，相互联系又相互制约的。静是松的前提，先有思想上的静才能逐步达到身体各部位的放松。而松的结果是练拳“内外一致”“上下相随”，又进一步促进“静”，促进大脑功能的进一步增强，形成了良性循环。

行气用意是和静心松身紧密联系的。气既是指神经系统对完成一个动作的指挥和调节，又是指人的意念通过经络到达某一穴位的活动。正确的做法是：“意气”要和骨骼、肌肉的运动一样，有意识地引导，并且有张有弛。如做搂膝拗步的推掌动作，意气也应由微到著的发动，当掌到达终点时，意气也有意识地贯注到指端，这时，有功力的人就可感觉到指端有麻胀等“气感”。而当手臂收回时，这种意气又由显而微直至消失，而将意气转移到下一动作中去了。

值得注意的是，做好静心松身，行气用意是一个反复锻炼的过程，切不可急于求成，强练硬就。思想上的静有时会被杂念代替，这不要紧，只要把乱了的思想再收回来，集中于练拳，就会不断进步。松身也是全身各部关节一处一处地松，不是一想松就能全身放松。总之要做到思想上时守时忘，动作中时隐时现，有张有弛，循序渐进。

三、关于开合与呼吸

太极拳论有“……气由脊发，气向下沉，由两肩收于脊骨，注于腰间，此气由上而下也，谓之合；（气）由腰形于脊骨，布于两膊，施于手指，此气之由下而上也，谓之开。合便是收，开即是放，懂得开合，便知阴阳，到此地位，功用一日，技精一日，渐至随心所欲，罔不如意也”。由此可见，开合属太极拳拳法理论，其中的气是太极拳的“意气”或内气，因此，开合与呼吸是两个不同的概念。按照练拳的习惯，开是动作由内向外，由小到放大；合是动作由外向内，由大到收小。另一层含义是动作的开始，由定势转入动势，动之则分，这就是开；动作由动势转入定势，由动归静，内外合一，气沉丹田，这就是合。明确开合的含义，有利于弄清太极拳每一架势的起承转合、阴阳消长、虚实转换的过程。

但是，有时呼吸又是与开合有关的。究竟应“开吸合呼”还是“合吸开呼”曾经引起不少争论。太极拳从根本上说是主张“呼吸自然”的，即呼吸深长，连绵不断。但这并不排斥因人而异的多种呼吸方式。如吸气时小腹外鼓的自然呼吸法，吸气时小腹内收的腹式逆式呼吸法，有意识将呼吸加深加长的调节自然呼吸法等等。

由于太极拳不是完全从配合呼吸出发而编制的，所以并不要求太极拳动作与呼吸相配合，特别是对初学者、体弱者更是这样。但练拳有一定基础后，在不影响呼吸自然的前提下，而使动作大体与呼吸相配合，这还是有益的。根据部分拳师及多数爱好者的经验，还是以“开吸合呼”为宜。大体做法是：出手为呼，收手为吸；上升为吸，下降为呼；上提为吸，下沉为呼；开式为吸，合式为呼。至于动步转身及各式过渡之时，又往往用“小呼吸”来调节，即短快的小呼吸，或短暂的停息等。根据具体情况，因时因地制宜，采取灵活的呼吸方式。

四、关于练与养的问题

练太极拳时，练是指继承先辈练拳传统，保持有关的规矩法度，反复练习，以达到静心松身，动作娴熟，体格强健；而养就是养气、养神、养性，包括广义的文化、体育、健身的知识修养在内，其内容相当广泛，博大精深。

如同学习书画要有书画以外的功夫——有一定的文化、艺术修养一样，学习太极拳也要求有相应的文化及拳法理论修养等等。也就是说，拳既要练，更要养。现场要练，平时要养，练养结合，互相促进，才有长进。只练不养，或养不得法，练拳就不能深入，学不好。

养的方面很多，下面仅做一些提示：

现场练拳，平时想拳，研学拳论，对照领会，默默揣摩，总结提高，有所收益。

练拳体力消耗大，饮食营养应适当留意，防止入不敷出、“火烧空锅”、体力下降，并注意劳逸结合。

性情急躁的人，练拳时凝神敛气，平时注意修身养性，会更有益于敛性健身。

年老、体弱的练拳者，应偏重于养气、养神，练架势量力而行，只求意到，所谓“重意不重形”。但也不要马虎潦草、立身不正、腰胯飘浮。

太极拳要求“静、松、圆”，这也体现在日常生活中，不该紧张时要尽量放松，喧闹时不妨“闹中求静”，或者想一想各式各样的圆圈或圆弧形的动作，都是有益于功法的练习和身体的健康。

第三篇　太极拳练功心法歌诀

一、太极拳歌诀

太极拳歌诀是前人根据长期练拳的实践经验编写的，是太极拳理论的重要组成部分，而且还有平仄押韵、易于背诵的特点，现选摘部分于此，供读者参考。

身法中正拳所宗，松静自然神如松。柔和圆缓稳习作，入门五步处处功。
虚灵顶劲松腰胯，轻灵舒展体尽松。垂臂正膝足根稳，静如山岳动如龙。
动中求静静犹动，动静合一更通融。分虚实意存丹田，坠肘垂肩背含胸。
内外相合上下随，周身一家气势鸿。风中杨柳任摇摆，上虚下实似劲榕。
理解圆周运动法，曲线运动自治熔。刚柔快慢在用意，意气运动心是从。
慢如行云快似电，刚硬似铁柔如绒。练柔宜在三伏夏，练刚宜在三九冬。
拳分高低中架练，重复锻炼又复重。能呼吸乃能灵活，隐现沉着寻无踪。
旋腰转脊运髓脑，旋螺腕转腿膀肱。腰宰上下九节舞，力由脊发气如虹。
鼓荡内脏共按摩，骨肉经络如转筒。对称协调圆满转，回旋形如入洞蜂。
意气相连提尻道，正尾神贯泥丸宫。放长身肢节节贯，一动全动运膏肓。
气派大兮形象美，态势美比搏云鹏。能解疲惫消寂闷，焕生朝气若勃蓬。
心情愉快引入胜，如服良药解忧忡。促进代谢通血脉，通解郁血病滞臃。
增强机能强体质，人比松柏长青葱。平和气性去骄躁，化育身心日壮雄。
通达事理增智慧，使人亨泰去痞凶。防衰防弱治疾病，寿而康老常若童。
太极拳虽无限好，未知珍重鲜尚崇。为国为民应普及，遍放鲜花大地红。

（注：原歌诀为60句，现删节为30句。删去的主要是关于武功技击的部分。）

二、太极拳三步法歌诀

如站水中至项深，身体中正气下沉；
四肢动作有阻力，姿势变换要慢匀。

【领会】初练拳时如站在齐颈的水中，头不可前俯后仰。以符合“虚灵顶劲”“身体中正”“尾闾中正”“上下一条线”的要求。同时由于水的浮力，使人感到身体轻盈，各关节压力减小，利于各部位的放松。又由于水的阻力比空气大七八倍，举手投足，四肢活动对肢体都有均匀的阻力，有助于动作的缓慢均匀和连续（不是轻飘或忽断忽续）。借助于此歌诀的想象或意念，可帮助初学者练好拳。

如在水中初悬空，长江大河浮游中；
腰如车轮精神涌，滔滔不断泅水行。

【领会】第一步练架势做到变换速度缓慢均匀后，第二步要求以意气引导动作，敛心神，去杂念，凝耳韵，调呼吸，犹如在长江大河中游泳，一心一意，眼光放远，这样可使大脑皮层得到良好的休息。后两句强调练拳时腰部的“主宰作用”，全身达到放松，基础作用在腰，即所谓“其根在脚，发于腿，主宰于腰，形于手指，由脚而腿至腰，总要完整一气，向前后退，乃能得机得势。有不得机得势处，身便散乱，其病必于腰腿求之”。做好腰胯松沉、敛臀圆裆，对练好拳有重要作用。

所谓“精神涌”是指在大脑得到休息的同时调整好呼吸，“气宜鼓荡”，下沉丹田，内劲充盈，如瀚海大江，滔滔不绝。

身体如在水上行，如临深渊履薄冰；
全身精神须合注，稍微不慎坠水中。

【领会】此句是指太极拳的第三步练法，此时太极功夫已达相当高深的地步，苦练内功、轻功等绝顶功夫，更须精神高度集中。若有疏忽，必造成不良后果。

以上三首歌诀，用游泳作比喻，既生动易懂，妙趣横生，又相当深邃，引人深思。

第四篇　二十四式太极拳

一、主要动作的基本要求

（一）主要手型、手法

1. 拳

拇指压于食、中指第二节上，握拳松紧适度，拳面要平。

2. 掌

五指自然舒展、掌心微含。

3. 勾手

屈腕，五指指尖自然靠拢。

4. 冲拳

拳至腰间向前打出，高不过肩，低不过胸。

5. 贯拳

两臂自下而上，经两侧贯出与耳同高，同时臂向内旋、拳眼相对斜向下，两臂呈弧形。

6. 搬拳

屈臂俯拳，自对侧面上，以肘关节为轴将前臂翻至目的点。

7. 双推掌

竖掌、两掌自胸前同时前推，宽不过肩，高不过眼。

8. 单推掌

掌经耳旁内旋立掌前推，指尖不过眼。

9. 搂掌

掌自对侧经体前搂至膝外侧，掌心向下。

10. 拦掌

掌经体侧向上向胸前拦，掌心朝对侧，指尖斜朝上。

11. 云手

两掌在体前上下交替呈立圆形运转。

12. 抱掌

两掌合抱，两臂呈弧形，两腋虚空。

13. 挑掌

侧掌自下而上屈臂上挑，指尖向上，腋下虚空。

14. 掤

屈臂呈弧形举于体前，掌心朝内。

15. 捋

臂呈弧形，双手向左（或右）侧后捋，呈弧形运动。

16. 挤

一臂屈于胸前，另一手扶屈臂的腕部或前臂内侧，两臂同时向前挤，高不过肩。

17. 按

掌自上而下运动为下按；掌自后经下向前弧形推出为前按。

（二）主要步型、步法

1. 弓步

前腿屈膝前弓、膝不过脚尖，脚掌全着地；另一腿向后自然伸直，脚尖内扣，两脚横宽不过肩。

2. 虚步

一腿半屈全着地承担体重，脚尖斜向前；另一腿微屈，脚前掌（或脚跟）虚点地。

3. 独立步

一腿直立；另一腿屈膝提起。双眼高于水平线。

4. 仆步

一腿全蹲，脚尖稍外撇；另一腿向体侧自然伸直，脚尖内扣、斜平行于地面。左右脚掌全着地。

5. 丁步

一腿半屈承担体重，另一腿以前脚掌点地于半屈脚内侧，两脚掌呈“丁”字形。

6. 上步

一腿支撑体重；另一腿提起经支撑腿旁向前迈步，重心不断变换，最后后脚掌着地。

7. 退步

一腿支撑体重；另一腿提起向后退一步。

8. 侧步

一腿支撑体重；另一腿提起向体侧开步，随重心侧移，先脚前掌、后全脚掌着地。如需再侧行，另一腿也以同样动作，向同一方向并步。

9. 蹬脚

一腿微屈承担体重；另一腿提起、脚尖向上、脚跟向前蹬出，直至腿伸直，脚高要求不低于腰。

二、动作名称

（一）起势
（二）左右野马分鬃式
（三）白鹤亮翅式
（四）左右搂膝拗步式
（五）手挥琵琶式
（六）左右倒卷肱式
（七）左揽雀尾式
（八）右揽雀尾式
（九）单鞭势式
（十）云手式
（十一）单鞭势式
（十二）高探马式
（十三）右蹬脚式
（十四）双峰贯耳式
（十五）转身左蹬脚式
（十六）左下势独立式
（十七）右下势独立式
（十八）左右穿梭式
（十九）海底针式
（二十）闪通臂式
（二十一）转身搬拦捶式
（二十二）如封似闭式
（二十三）十字手式
（二十四）收势

三、练法图解

（一）起势

1. 预备式

两脚并拢，自然直立，悬顶竖颈，松肩垂臂，含胸拔背，思想放松，

心情平静，注意力集中一分钟。(图 1)

图 1

2. 两脚开立

重心右移，左脚缓缓离地约半拳高向左侧行半步再着地，重心回移中线。(图 2)

3. 两臂前举

两臂缓举与肩同高、同宽、手心向下。(图 3)

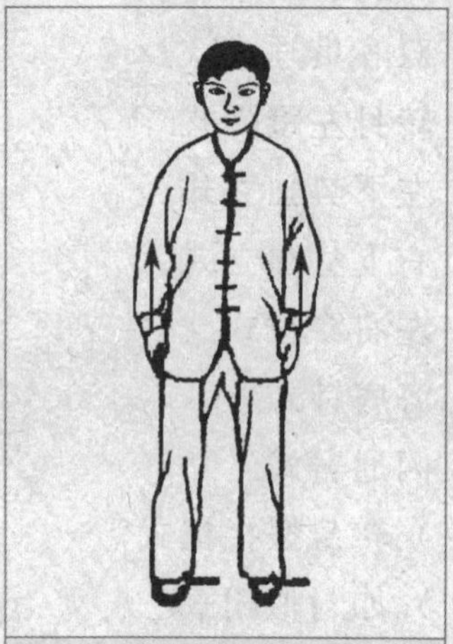

图 2

图 3

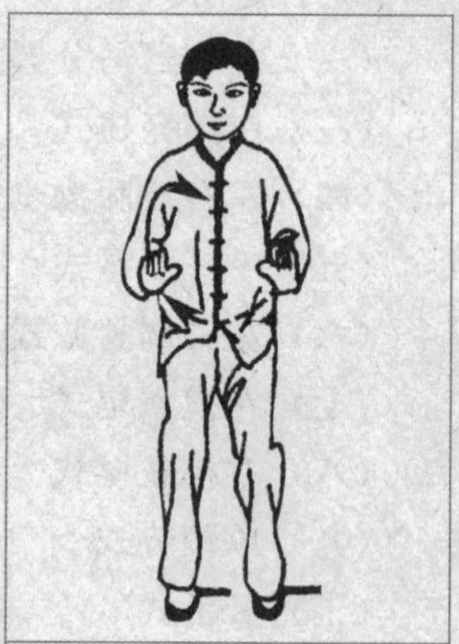

图 4

4. 屈膝按掌

上体保持端正，两腿屈膝下蹲。同时两掌下按于腰腹前。整个起势均要两眼平视前方。(图 4)

要点 沉肩垂肘，松腰敛臀，两臂下落与下蹲协调一致，呼吸自然。

(二) 左右野马分鬃式

1. 收脚抱球

上体微右转，重心缓移至右腿，同时，右手向上、向右、向左划半圆

弧，左手相对向上、向右划半圆弧，使两臂成抱球状，掌心相对，左脚提起收于右脚内成左丁步，眼看右手。（图 5）

图 5

图 6

图 7

2. **转体迈步**

在上式基础上，上体向左缓慢转约 30°，同时左脚向左前方跨一步，脚跟着地，眼看左前方，同时，右手向右下方，左手向左上方逐渐分开，身体逐渐向左移。（图 6、图 7）。

3. **弓步分手**

在上式基础上，右脚全脚着地，并以脚掌为轴、脚跟向外转，身体重心逐步前移，成左弓步。左手运至左前方与眼平，右手落右胯旁，掌心向下，指尖朝前，眼平视左前方。完成左分鬃。（图 8）

图 8

要点 上体正直，后腿微屈，呼吸自然。

4. **后坐跷脚**

上体逐步后坐，将重心移至右腿。两膝微屈，左脚尖上翘，眼看左手。（图 9）

图 9

图 10

图 11

5. 收脚抱球

动作与左分鬃1同，但方向相反。逐步使身体在左前方成抱球状，重心左实右虚。（图10、图11）

6. 转体迈步

身体缓缓向右转，右脚向右前方跨步，脚跟着地，眼看左手，同时，右手向右上，左手向左下方划弧分开。（图12）

7. 弓步分手

在上式基础上，重心前移、形成右弓步、右手运至右前方、高与眼

图 12

图 13

图 14

平、左手落于左胯侧，眼看右手。完成右分鬃。（图 13）

以上 5，6，7 动作与左分鬃 1，2，3 同，但动作方向相反。

8. 后坐跷脚

再做一次左分鬃。身体微后坐，使右脚尖稍向外转，重心移至右脚。（图 14）

9. 收脚抱球

动作同 1（图 5），文字略。（图 15）

10. 转身迈步

动作同 2（图 6、图 7），文字略。（图 16、图 17）

图 15

图 16

图 17

11. 弓步分手

动作同 3（图 8），文字略。（图 18）

要点 野马分鬃共做 3 个，1、3 为左方向，2 为右方向。上体保持放松正直，不前俯后仰，上下肢动作协调一致，动作舒展圆缓。

图 18

（三）白鹤亮翅式

1. 跟步抱球

上体微左转，左手翻掌向下，左臂平屈胸前，重心移至左脚，右脚向前跟半步，位于左脚内侧后约两拳处。同时，右手向前左上划弧，掌心向上，呈左前方抱球状，眼看左手。（图 19）

2. 后坐转体

落实右脚，上体后坐，重心移至右腿，腿微屈，身体转向右前方，两手微合后向掌心方向运动，右手上托，左掌下按。（图 20）

3. 虚步分手

两手继续上下分开，身体再微向左转，面向正前方。最后右手上举于右前方，指尖略高于头，掌心向左，左手落于左胯旁约 3 拳处，掌心向下，指尖向前，眼平视正前方。（图 21）

要点　上体舒展正直，忌挺胸翘臀，上下肢动作要协调。

图 19

图 20

图 21

（四）左右搂膝拗步式

1. 转体绕臂

身体微向左又向右转，重心渐移至右腿。右手先向前下方作向右胯方向运动，掌心斜向上，并向右上方运动，左手由下而上、由外向内划弧绕于左肩前，眼看左手。（图 22、图 23）

图 22

图 23

图 24

2. 收脚运臂

随着身体右转，将左脚收于右腿内侧、脚尖点地成虚步。同时，右臂由右胯划弧至右上方，与耳同高，掌心斜向上；左手继续划弧落于右胸前、掌心斜向下，眼看右手。（图 24）

3. 弓步搂推

上体左转，左脚前跨一步，脚跟先着地，呈左弓步；与此同时，左手向下经左膝前搂过落于左胯旁，右掌经耳侧向前推出于右前方，成立掌，与鼻同高，眼看右手，完成左搂膝拗步。（图 25、图 26）。

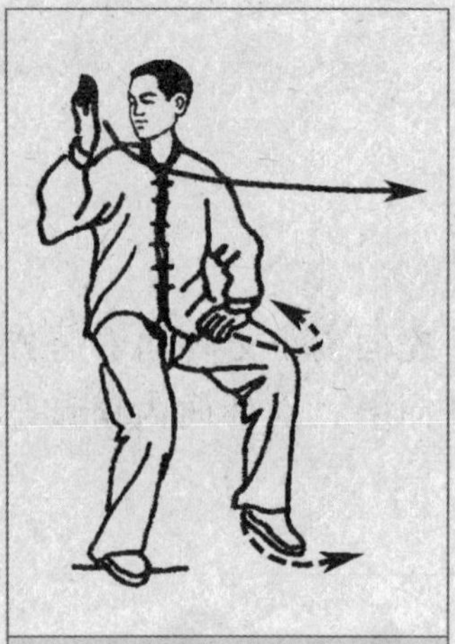
图 25

图 26

图 27

4. 转体后坐

重心后移至右腿，上体后坐，左脚尖上翘，外旋约一拳宽。右前臂向胸前收拢，掌心向左斜前方。左手随体转向外划弧，掌心由向下渐转至向斜上方，眼看右手。（图 27）

5. 收脚运臂

动作同 2（图 24），但左右方向相反。（图 28）

图 28

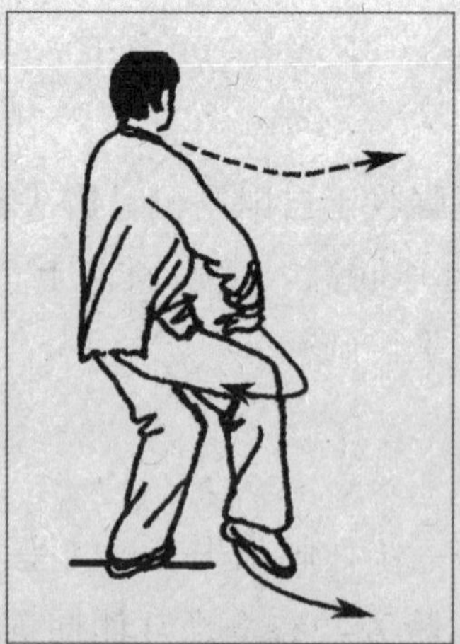
图 29

图 30

6. 弓步搂推

动作同3（图25、图26），但左右方向相反。（图29、图30）

图31

7. 后移转体

动作同4（图27），但左右方向相反。（图31）

8. 收脚掌臂

动作同5（图28），但左右方向相反。（图32）

9. 弓步搂推

动作同3（图25、图26），方向相同。（图33、图34）

图32

图33

图34

要点 搂膝拗步共做3个，1、3是左式，2是右式。注意做动作时上下肢协调一致、舒展大方，弓步时两脚跟横向间距不超过肩宽。

（五）手挥琵琶式

1. 跟步伸臂

在上式基础上，重心前移，右脚向前半步，落于左脚跟后，横向距离约两拳，随之右臂略向前伸，眼看右手。（图 35）

2. 虚步举臂

上体后坐，重心全落在右腿，左脚上提并向前跨一步，脚跟着地成虚步。同时，左手向上内方划小半弧停于左前方，与鼻高，掌心向右，右手渐收至左肘内侧，掌心向左，眼观左手。（图 36、图 37）

要点 腿、臂部均要成圆弧形、微屈，动作稳、准、圆。

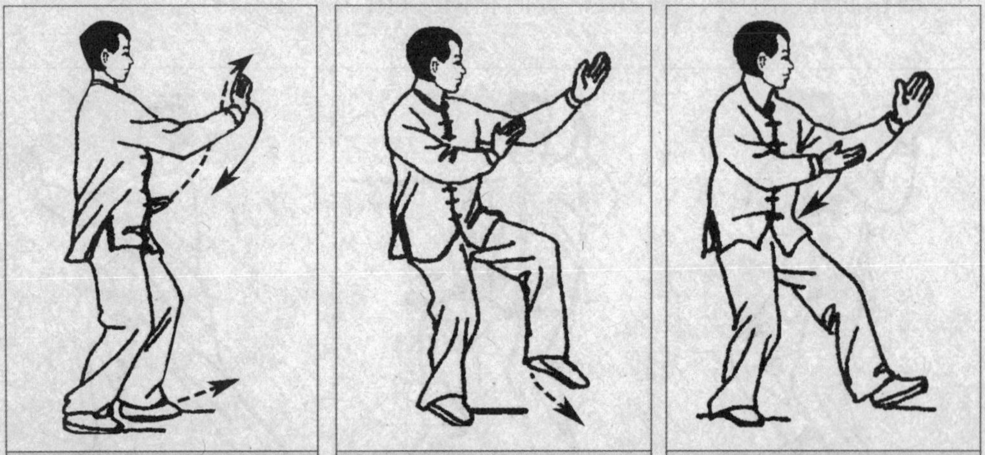

图 35 图 36 图 37

（六）左右倒卷肱式

1. 转体平臂

上体微右转，右手经腹前向右侧上方划大弧，指尖同耳平，掌心向上，眼看右手；同时左手掌心外旋向上，左臂向左前方伸展，上体左转，眼看左手，呈两臂平举，但肘部微屈。（图 38、图 39）

图 38

图 39

2. 提脚屈肘

左脚缓提，同时右臂屈肘于耳侧，掌心向前，眼看左手。（图 40）

3. 退步推掌

左脚向后退一大步，前脚掌先着地，将重心后移至左脚，渐变成右虚步。同时右手成立掌向前推出，左手屈肘回收至左胯旁，掌心向上。上体微左转，右脚跟随上体微动调正，眼看右手，完成左倒卷膝。（图 41）

图 40

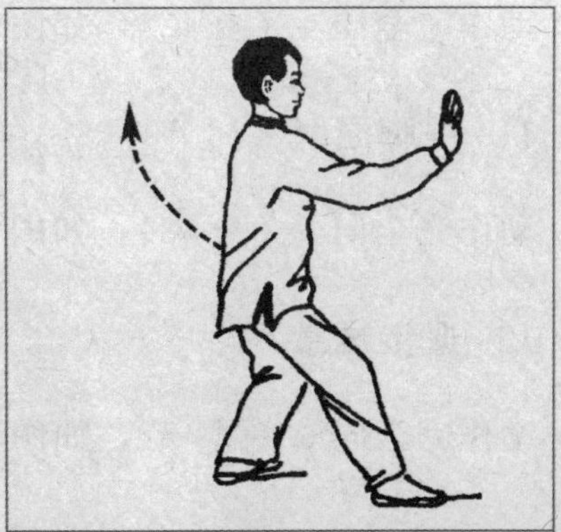
图 41

4. 转体平臂

动作同 1（图 39），但左右相反。（图 42）

5. 提脚屈肘

动作同 2（图 40），但左右相反。（图 43）

6. 退步推掌

动作同 3（图 41），但左右相反。（图 44）

7. 转体平臂

动作完全同 1（图 39），如图 44、图 45 所示。

8. 提脚屈肘

动作完全同 2（图 40），如图 46 所示。

9. 退步推掌

动作完全同 3（图 41），如图 47 所示。

10. 转体平臂

动作完全同 4（图 42），如图 48 所示。

11. 提脚屈肘

动作完全同 5（图 43），如图 49 所示。

12. 退步推掌

动作完全同 6（图 44），如图 50 所示。

要点　左右倒卷肱共做 4 个，1、3 为左式，2、4 为右式。两臂平举的方向应为左前或右前方，提脚（屈膝）与屈肘应同时，上下肢动作协

图 42

图 43

图 44

图 45

图 46

图 47

图 48

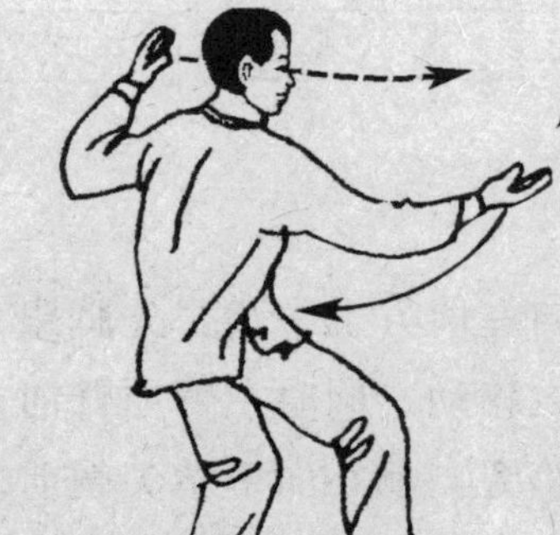
图 49

图 50

调，脚跟方向、眼神应与转体一致。

（七）左揽雀尾式

1. 转身抱球

上体右转，以右脚跟、左脚尖为轴，使右脚尖、左脚跟相应调整方向。同时，右手向上向右划弧后屈臂于右胸前，左手向下向右划弧后至右腹前，使两臂成抱球状，掌心相对，左脚收至右脚内侧，成左丁虚步，眼看右手。（图 51～图 53）

图 51

图 52

图 53

2. 弓步掤臂

上体微左转，左脚向左前方上一步，先脚跟、后脚掌全着地，缓慢之移成左弓步，重心也随之移动。同时左臂屈臂向左前方掤出，屈腕，掌心向内；右臂自然落于右胯旁，掌心向下指尖朝前。右腿自然绷直，眼看左手。（图 54、图 55）

图 54

图 55

图 56

图 57

3. **转体伸臂**

上体微左转，重心微向前。左手随即前伸并翻掌，向下经腹前划弧至右胸前；右手稍向内上方屈肘后即向上方划弧，眼看左手。（图 56）

4. **转体后捋**

在上式的基础上，上肢运转的同时，上体转向右，重心缓移至右腿并屈膝。此时，右臂已至右上方，手与耳平，左手在右胸前，靠近右肘，两掌心斜向对，眼看右手。（图 57）

5. 弓步前挤

身体微左转，右手向前下方运至胸前，左手从胸前屈臂与右手相平，掌心相对，相距约两拳，然后同往前挤。重心随上体继续左转和前移，渐变为左弓步。右手变为右立掌，左手变为左横掌，双手成十字手后，右掌转腕翻于左手之上，左掌翻腕朝前下方，呈双掌向前，手与胸同高。（图58～图60）

图 58

图 59

图 60

6. 后坐收手

两掌向左右方分开与肩同宽，并随即翻掌向上屈肘，随上体重心的后坐而回收于胸前。重心后移至右腿，眼平视前方。（图 61）

图 61

7. 弓步推掌

双掌收于腹前后，同时向上、向前方并排呈弧线推出，身体重心随两臂运动缓缓向前，由后坐姿势变为左弓步。（图 62、图 63）

图 62

图 63

要点 运作时上体保持舒松正直，不可俯仰、凸臀，双手推、按动作（捋、挤、按）应与上体和下肢动作协调一致。

（八）右揽雀尾式

1. 转体扣脚

身体后坐并向右转，将重心移至右腿，左脚尖翘起内扣一个角度，右手平行向右后方划弧至右侧，掌心向外，双臂呈圆环状，眼看右手。（图

图 64

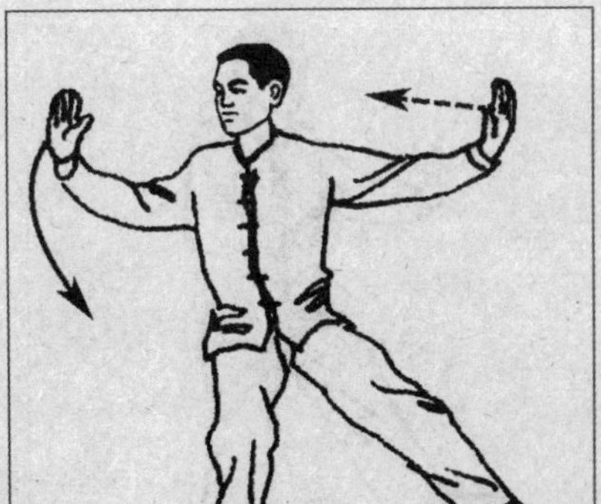

图 65

64、图 65）

2. 收脚抱球

右臂向下向内、左臂向右向内分别向腹胸部划弧，形成抱球势，掌心相对；同时，上体重心左移，右脚向左脚收拢成左丁步，眼看左手。（图 66、图 67）

3. 弓步掤臂

同（七）2（图 54、图 55），但左右方向相反，如图 68、图 69 所示。

图 66

图 67

图 68

图 69

4. 伸臂后捋

同（七）3、4（图 56、图 57），但左右方向相反，如图 70、图 71 所示。

图 70

图 71

5. 弓步前挤

同（七）5（图 58～图 60）但左右方向相反，如图 72～图 74 所示。

图 72

图 73

图 74

6. 后坐收手

同（七）6（图 61），但左右方向相反，如图 75 所示。

图 75

7. 弓步推掌

同（七）7（图 62、图 63），但左右方向相反。如图 76、图 77 所示。以上完成右揽雀尾。

要点　同（七）左揽雀尾。

图 76

图 77

（九）单鞭势式

1. 转体扣脚

上体后坐，重心缓移至左脚，右腿自然伸直、右脚尖内扣，同时上体左转，左臂向左上方划弧，指尖与鼻尖相平，掌心向外。右手向左经腹前至左胸前，掌心斜向右上方，眼看左手。（图 78、图 79）

图 78

图 79

图 80

图 81

2. 丁步勾手

上体向右转，将重心逐步从左脚移至右脚，同时左臂向右上方经胸前划弧至右前方，腕与肩相平、掌心向外；左手向下向内划弧经腹前至右胸前，掌心向后。在上肢动作时，左腿同时收于右脚内侧成右丁步，右手屈腕变勾手，眼看右手。（图 80、图 81）

3. 弓步推掌

上体向左转，左脚随之向前跨一步，脚跟、脚掌先后着地，重心缓慢移至左脚。与此同时，左手向上经面前向左划弧至左前方，掌腕外旋变立掌向前推出，右臂保持勾手随身体微转。（图 82、图 83）

图 82

图 83

要点 注意沉肩、垂肘、松腰、沉胯、舒指展掌。

（十）云手式

1. 转体扣脚

上体后坐，使重心缓移至右腿，左脚尖内扣；同时，左手向下经腹前划弧至右肩前，掌心斜向后，右手由勾手变立掌，掌心向前，眼看左手。（图 84、图 85）

2. 云手收脚

上体缓左转，重心左移至左脚、微蹲；同时，左手经面前向左划弧，至左前方时转腕使掌心向外，右手向下经腹前向左划弧至左手时内侧，掌心斜向后上方，此时右脚应收至左脚内侧约一拳处，两脚平行，眼看左手。（图 86、图 87）。

图 84

图 85

图 86

图 87

3. 云手跨步

上体缓右转，重心缓移至右脚，左脚向左侧方跨一步，脚尖、脚跟先后着地。同时，右手经面前向右划弧，至右前方时转腕掌心向外；左手向下、向右经腹前划弧至右肘内侧，掌心斜向后上方，眼看左手。（图 88、图 89）

图 88

图 89

图 90

图 91

4. 云手收脚

同 2（图 86、图 87）。如图 90、图 91 所示。

5. 云手跨步

同 3（图 88、图 89）。如图 92、图 93 所示。

6. 云手收脚

同 2（图 86、图 87）。如图 94、图 95 所示。

图 92

图 93

图 94

图 95

要点 云手共做 3 个。两手交叉在面前做立圆运作，要求手上不过眉，下不低于腰腹。眼随手动。

（十一）单鞭势式

1. 转体勾手

重心缓移至右脚，上体右转。右手向上、向右经面前划弧运至右侧上方、高于眼平、掌心向内；左手向下经腹部划弧至右肩前，掌心向内，随后右手由掌变为勾手，指尖向下，屈腕与耳平，同时，左脚跟提起成丁步，眼看右手。（图 96、图 97）

图 96

图 97

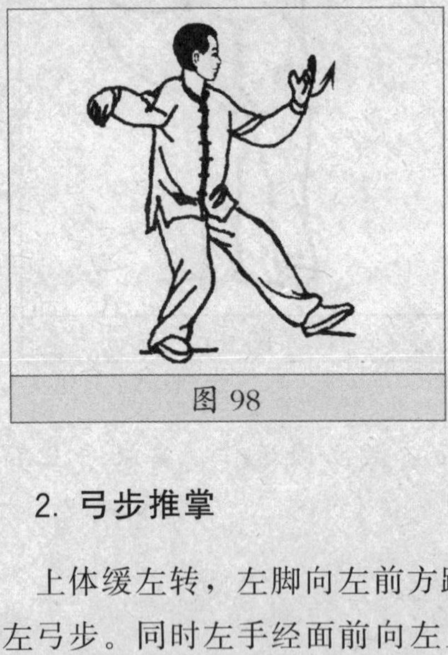

图 98

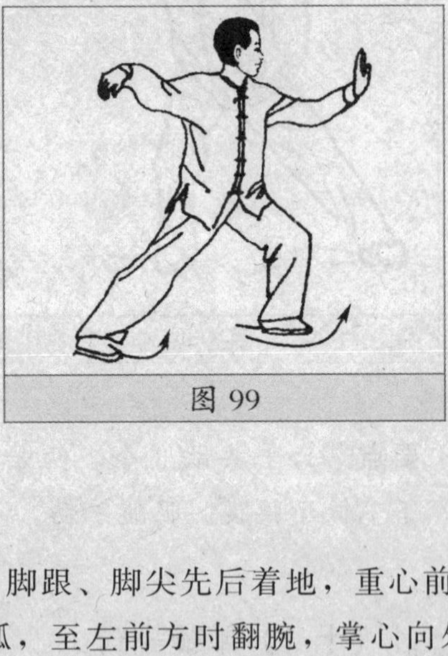

图 99

2. 弓步推掌

上体缓左转，左脚向左前方跨一步，脚跟、脚尖先后着地，重心前移成左弓步。同时左手经面前向左上方划弧，至左前方时翻腕，掌心向外，并继续向左前方推出，腕与肩同高，眼看左手。（图 98、图 99）

要点 同（九）单鞭式。

（十二）高探马式

1. 跟步翻掌

重心前移、右脚跟半步，上体微右转，右勾手变掌，左手转腕，使两掌心均向上。重心落于右脚，左脚跟提起，眼看左手。（图 100）

图 100

图 101

2. 虚步推掌

上体左转，右手屈臂经耳侧向前推（探）掌，掌心斜向前下方，指尖同鼻高。同时左手屈肘内收至腰侧，掌心向上，左脚尖点地成虚步，眼看右手。（图 101）

要点 上下肢动作协调一致，勾变掌、翻腕、跟步同时进行。

（十三）右蹬脚式

1. 活步穿掌

左手向右腕上方穿出，两腕交叉，两掌背相对，同时左脚提起向左前

方挪小半弓步，脚跟着地，眼看左手。（图 102）

图 102

图 103

2. 弓步翻掌

重心向左脚转移，屈膝前弓，右腿自然伸直，成左弓步。左腕内旋掌心向内，使两掌心相对呈横向球状，眼看左手。（图 103）

3. 收脚合抱

重心定于左脚，右脚收于左脚内侧，脚尖点地成虚步，同时两手向左右方分开划弧，再转向内经腹前交叉合抱于胸前，手心向内，右手在外，眼看右前方。（图 104）

4. 提膝翻掌

右腿屈膝提起，左腿慢慢伸直成独立式，同时两手随势上提，转腕翻掌向上升成立掌，眼看右前方。（图 105）

5. 蹬脚举掌

右脚尖翘起向右前方缓蹬右腿、力贯脚跟，脚高与腰平，同时两手臂向左右方分开平举，立掌、掌心向外，眼看右手。（图 106）

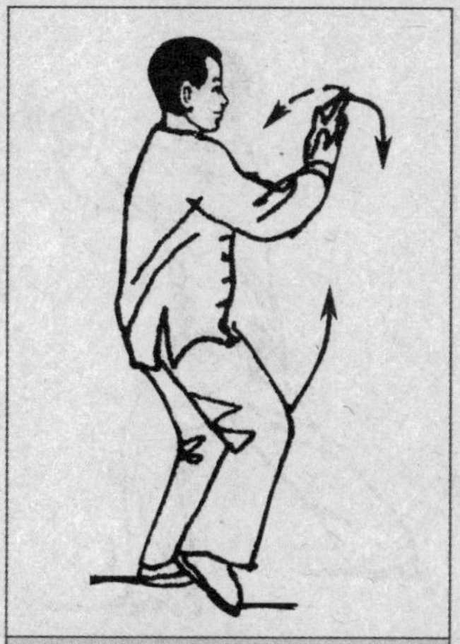
图 104

图 105

图 106

要点 蹬脚难度较大，要求上下肢动作协调，重心变换动作要柔和，左腿独立时要站得稳。上体保持正直，不弯腰凸臀。初学者可蹬脚高度可稍低，宜逐步提高。

（十四）双峰贯耳式

1. 屈膝举臂

右腿屈膝脚下落，恢复左独立式，左手向内划弧至胸前，两臂曲肘平收于胸前（膝盖上方），掌心向上，眼看两手。（图 107）

图 107

2. 屈膝落臂

左腿屈膝半蹲，右脚向右前方落（跨）一步，脚跟、脚掌先后落地；同时两手向下划弧分落于胯两侧，掌心向上，指尖朝前，眼平视前方。（图 108、图 109）

图 108

图 109

图 110

3. 弓步贯拳

重心缓移至右腿，右腿随之屈膝，成右弓步。同时，两手继续向后，并旋腕变拳经左右两侧向前上方划弧至面部前方，两臂稍内屈、拳微内扣、拳眼斜向下方，高不过耳，两拳相距约一拳。（图 110）

要点 弓步与贯拳应协调一致，定势时应沉肩曲肘。

（十五）转身左蹬脚式

1. 转身扣脚

继上式，上体后坐重心后移，左腿半屈支撑全身，上体左转，右脚尖内扣脚掌着地，两拳变掌向左右分开成平举臂，掌心向前，眼看左手。（图 111、图 112）。

2. 收脚合抱

重心再移至右腿，左脚收至右脚内侧，脚尖点地成虚步。同时，两手

图 111

图 112

图 113

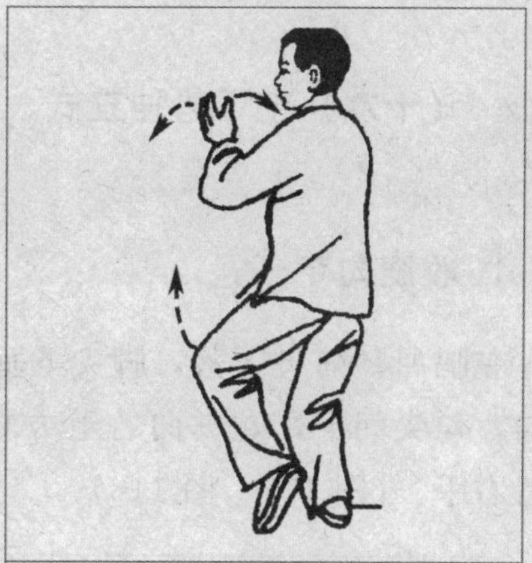
图 114

由两侧向下向内划弧交叉合抱于胸前、左手在外、手心向面部，眼看左前方。（图 113、图 114）

3. 提膝翻掌

同（十三）右蹬脚式 4（图 105），但左右方向相反，如图 115 所示。

4. 蹬脚举掌

同（十三）右蹬脚式 5（图 106），但左右方向相反，如图 116 所示。

图 115

图 116

要点　同（十三）右蹬脚式。

（十六）左下势独立式

1. 收腿勾手

左腿屈膝前脚下落，脚尖下垂成右独立式。同时上体微右转，右手掌变勾，勾尖朝下，左掌向右上方划弧，经面前停于右肩前，掌心斜向后，眼看右手。（图 117、图 118）

图 117

图 118

2. 仆步穿掌

右腿屈膝下蹲，左脚向左侧伸出成左仆步。同时左手向下向左经左大腿内侧穿出，掌心向外，眼看左手。（图 119、图 120）

图 119

图 120

3. 弓步立掌

右腿蹬直，脚尖内扣，左腿逐步屈膝，身体重心前移，渐变为左弓步。同时，左臂随势向前上方成立掌，掌心向右，右勾手向前方划弧。（图 121）

图 121

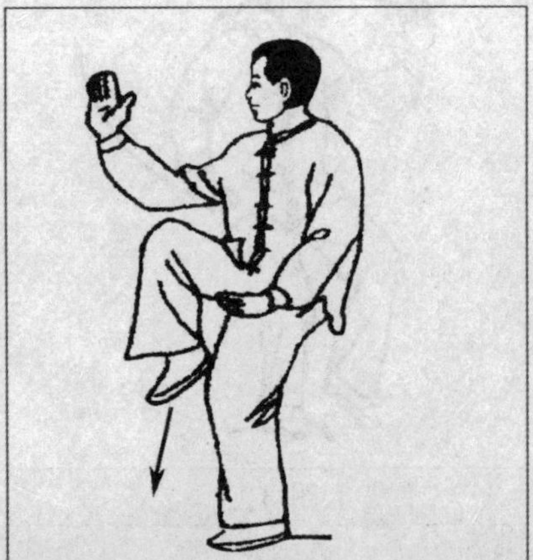
图 122

4. 提膝挑掌

重心全移至左腿，右腿屈膝并缓缓提起成独立式，同时右手转腕，由勾变掌经右腿外侧，屈肘挑掌立于右腿上方，成立掌，掌心向左，掌高齐眉。左手自然下落于左胯旁，掌心向下、指朝前，眼看右手。（图 122）

要点 仆步穿掌时上体要正直，掌下落，穿掌要自然转腕。右手挑掌时，左手下落有一个按的动作。

（十七）右下势独立式

1. 落脚勾手

右脚下落于左脚右前方，脚尖点地，上体微向左转，左脚跟随之内旋，重心仍在左脚。同时右掌随体转经面部向左划弧停于左肩前，掌心斜向后；左手半屈时向左上方划弧，并变勾手，勾尖朝下，与肩平齐，眼看左手。（图 123、图 124）

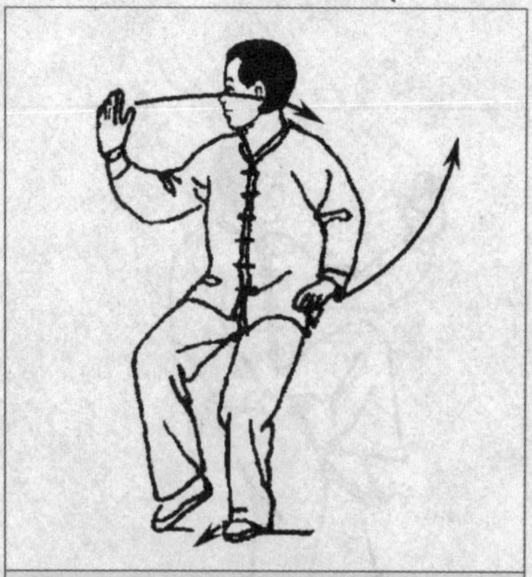
图 123

图 124

2. 仆步穿掌

同（十六）2（图 119、图 120），但左右相反。如图 125、图 126 所示。

3. 弓步立掌

同（十六）3（图 121），但左右相反。如图 127 所示。

图 125

图 126

图 127

图 128

4. 提膝挑掌

同（十六）4（图 122），但左右相反。如图 128 所示。

要点　同（十六）。

（十八）左右穿梭式

1. 落脚抢球

左脚向左前方落步，上体左转，重心缓移至左脚，并屈膝支撑。右脚随上体左转向前收于左脚内侧，脚尖点地成虚步。收脚与抱球动作应一致。左手前臂内转，由立掌变平掌，掌心向下，右手随转体向左前方划弧屈臂于左腹前，掌心向上，两手斜相对成抱球状，眼看左手。（图 129～图 131）

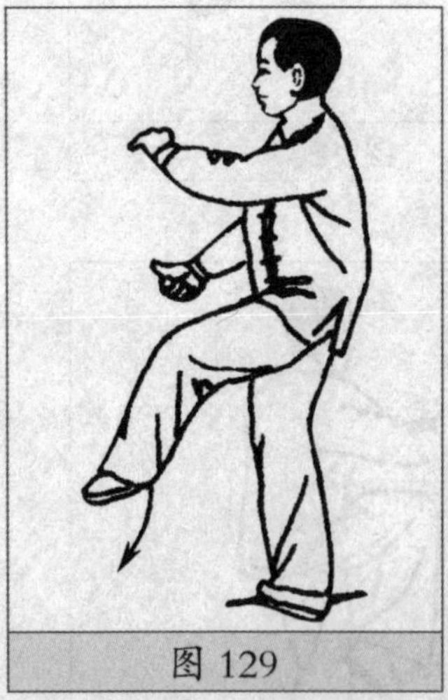

图 129

图 130

图 131

2. 弓步推架

上体右转，右脚向右前跨一步，脚跟、脚掌先后着地，重心前移，并渐变为右弓步。同时，右手向右前上方划弧，架掌于头部右上方，略高于

头，掌心斜向前上方，左手经胸前向右前方，指尖与鼻平，立掌朝前，眼看左手。此为左穿梭。（图 132、图 133）

图 132

图 133

3. 收脚抱球

重心稍后移，将右脚尖稍外展，随后将重心移至右脚，左脚缓提向前收于右脚内侧成虚步。同时右臂向内、向下，屈于右胸前，左臂向下向右划弧停于腹前，两掌相对成抱球状，眼看左手，完成左穿梭。（图 134、图 135）

图 134

图 135

4. 弓步架推

同 2（图 132、图 133），但左右方向相反，如图 136、图 137 所示。此为右穿梭。

图 136

图 137

要点 保持上体正直，沉胯敛臂，上下肢动作一致。

（十九）海底针式

1. 跟步提手

重心稍前移，随即提右脚，向前紧跟半步，重心后坐移至右腿，屈膝承重，提起左脚离地一拳高。同时，上体随之微右转，右臂下落划弧向右上方，随之转腕转掌停于右耳侧，掌心向左。左手向前下方自然下落停于左腿上方，掌心向下指朝前，眼看右前方。（图 138）

2. 虚步插掌

左脚稍前点地成虚步，上体左转。右手由上而下划弧插于左膝前上方，掌心向左，指朝下。左手向后下方划弧后停于左胯旁，掌心向下、指

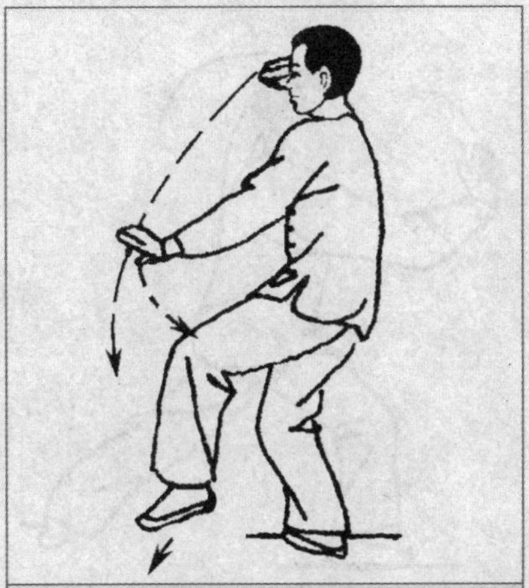
图 138

图 139

朝前，眼看前下方。（图 139）

要点 上体先右后左转动，上体保持正直。

（二十）闪通臂式

1. 提手提脚

右臂微屈向上提齐胸高，左手向前上方提起划弧停于右肘内侧，两掌心斜相对。同时，左腿微屈上提至离地一拳高，眼看右手。（图 140）

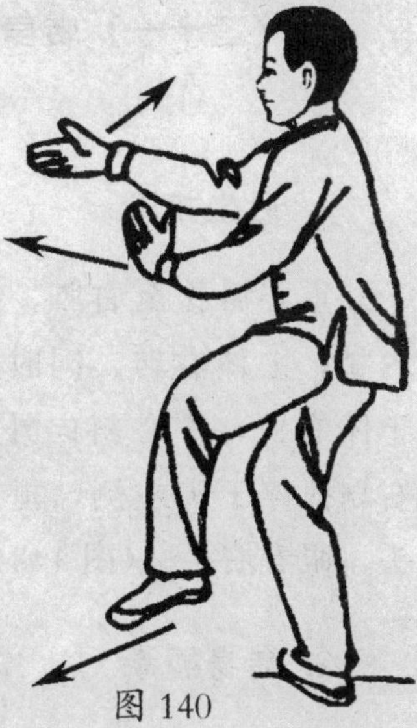
图 140

2. 跨步翻掌

左脚向前跨一步，脚跟着地，脚尖上翘。同时，右前臂向内上、曲肘、转腕，掌心向外与眼平，左臂稍上掌心相向，与右臂成环状，眼看右手。（图 141）

图 141

图 142

3. 弓步推掌

重心继续前移，左脚掌落地，逐渐成左弓步。同时，上体微右转，右手向右上方划弧，掌心斜向上，略高于头；左臂向右前方推出，掌心斜向右，指尖斜向上与鼻同高，眼看左手。（图 142）

（二十一）转身搬拦捶式

1. 后坐扣脚

重心后移至右脚，屈膝承重，左脚尖上翘内扣，上体右转，同时，右手向右向下划弧落于体右侧，掌心斜向外，指朝上。左手向上向右划弧停于头左侧，指尖斜向右上方，略高于头，眼看右手。（图 143）

图 143

2. 转身握拳

重心移至左脚，屈膝承重，上体继续右转。

同时，右手由掌变拳，经腹前至左肋旁，拳眼向下。左掌基本保持不变，眼看右前方。（图 144）

图 144

图 145

3. 搬拳收脚

身体右转，右拳经胸前以肘关节为轴向上向前搬出，拳眼向上，拳背为力点，左手自然落于左胯旁，掌心向下指朝前。同时，右脚经左脚内侧收起再向右前方迈出，脚尖外撇脚跟着地，眼看右拳。以上完成了搬拳动作。（图 145）

4. 上步拦掌

上体右转，重心移至右腿，脚掌着地屈膝承重。同时，左手经体侧向前划弧拦出，肘微屈，掌心向前下方。右拳内旋，右臂向右后方划弧收至右腰侧，拳心向上，眼看左手。（图 146）

5. 弓步打拳

重心左移，左腿屈膝承重成左弓步；同时，右拳用力向前打出，拳眼斜向上齐胸高，左手微后，手掌附于右臂内侧，眼看右拳，完成捶拳动作。（图 147）

图 146

图 147

要点　搬拳应与收跨出右脚同步，拦拳应与左脚跨步同步，捶掌应与左弓步同步。上下一致，同时完成。

（二十二）如封似闭式

1. 穿手翻掌

左手由右腕下向前穿出，同时右拳变掌，两掌心翻向上，先并列后向左右缓缓分开，宽不过肩，眼看双掌。（图 148、图 149）

图 148

图 149

2. 后坐收掌

重心后移至右腿，左脚尖上翘。同时，两臂曲肘内收，经胸前转腕翻掌下按于腹前，掌心朝前下方，眼看前方。（图 150、图 151）

3. 弓步推掌

重心前移，左脚掌着地，左腿屈膝承重、成左弓步。同时，两掌由腹前朝前上方弧形推出，前臂微曲，掌心斜向上，高与肩平，宽不过双肩，

图 150

图 151

图 152

图 153

眼平视前方。(图 152、图 153)

要点 上体正直，后坐不挺腹，前推时不凸臀。

(二十三)十字手式

1. 转体平臂

上体后坐右转，重心移至右腿，左脚尖上翘内扣。右手随转体向右平摆划弧，与左臂形成平举，两掌心向外，两肘微曲。随之右脚尖向外摆，眼看右手。(图 154、图 155)

图 154

2. 收脚合抱

重心缓移至左腿，左腿屈膝承重，右脚尖内扣，随即提起向左并步收回，两脚与肩同宽。同时两手下落经腹前向上屈臂合抱于胸前，双腕同肩高，双掌心向后成十字手，右手在前。双腿同时逐渐伸直，眼看正前方。(图 156、图 157)

要点 两手平举、合抱与变换重心动作要慢、稳，协调一致，注意合抱时不要弯腰凸臀。

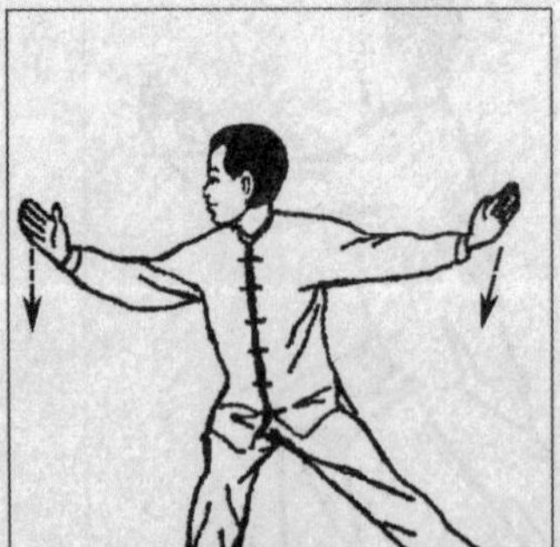

图 155

图 156

图 157

（二十四）收势

1. 翻掌举臂

下身不动，两掌同时内旋翻掌向下，转腕，两前臂由内向外伸出，平举、高与胸齐，宽不过肩，掌心向下，臂微曲，眼平视前方。（图 158）

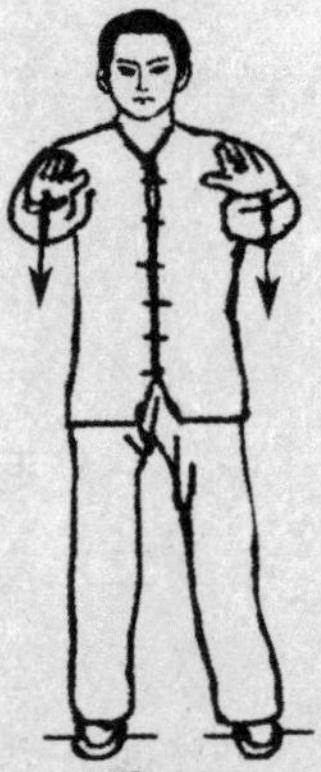
图 158

2. 落手垂臂

两手自然慢慢下落至体侧，掌心向内指朝下，眼平视前方。（图 159、图 160）

3. 收脚还原

重心缓移至右脚，慢提左脚脚跟，脚尖离地约半拳，向右收落于右脚内侧，缓慢着地，再移重心于双脚间，自然站立，平视前方。（图 161）

要点 动作要十分缓慢柔和，并与呼吸相配合，一般举臂时吸气，两手下按时呼气，气沉丹田。

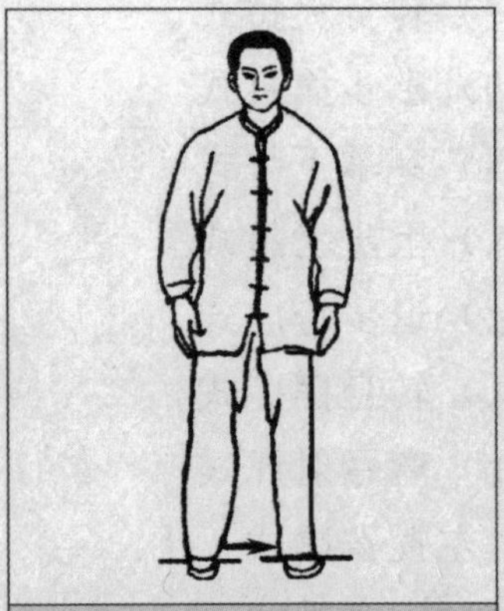
图 159

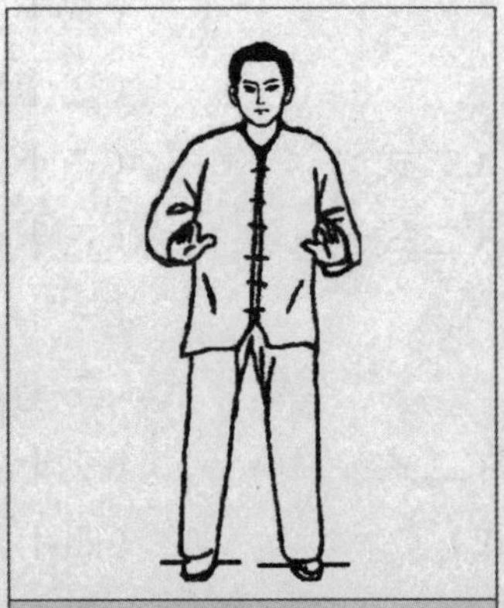
图 160

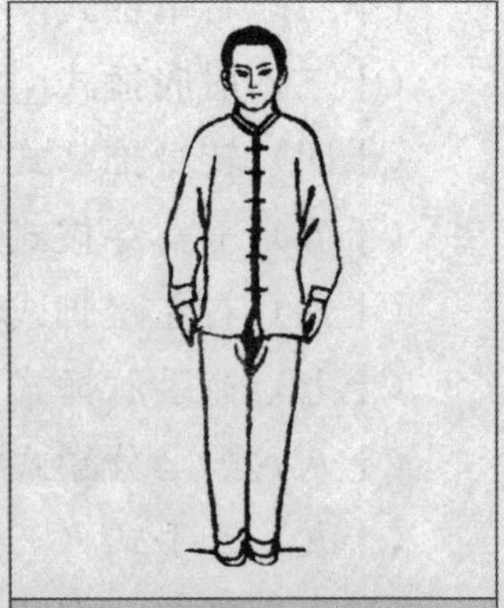
图 161

第五篇　四十二式太极拳

一、动作名称

（一）起势
（二）右揽雀尾式
（三）左单鞭式
（四）提手式
（五）白鹤亮翅式
（六）搂膝拗步式（二式）
（七）撇身捶式
（八）捋挤势式（二式）
（九）进步搬拦捶式
（十）如封似闭式
（十一）开合手式
（十二）右单鞭式
（十三）肘底捶式
（十四）转身推掌式（二式）
（十五）玉女穿梭式（二式）
（十六）右左蹬脚式
（十七）掩手肱捶式
（十八）野马分鬃式（二式）
（十九）云手式（三式）
（二十）独立打虎式
（二十一）右分脚式
（二十二）双峰贯耳式
（二十三）左分脚式
（二十四）转身拍脚式
（二十五）进步栽捶式
（二十六）斜飞势式
（二十七）单鞭下势式
（二十八）金鸡独立式（二式）
（二十九）退步穿掌式
（三十）虚步压掌式
（三十一）独立托掌式
（三十二）马步靠式
（三十三）转身大捋式
（三十四）歇步擒打式
（三十五）穿掌下势式
（三十六）上步七星式
（三十七）退步跨虎式
（三十八）转身摆莲式
（三十九）弯弓射虎式
（四十）左揽雀尾式
（四十一）十字手式
（四十二）收势

二、练法图解

（一）起势

1. 两脚开立

两脚并拢，自然直立，悬顶竖颈，松肩垂臂，思想放松，心情平静，精神集中，自然呼吸，目平视向前约一分钟后，左脚轻轻提起，向左开半步，与肩同宽。（图 1、图 2）

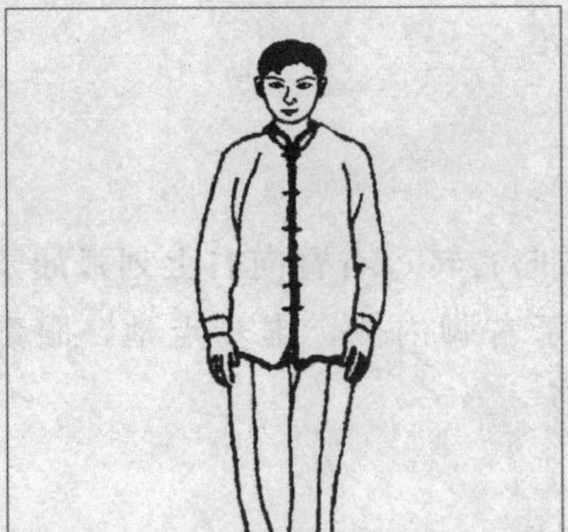

图 1

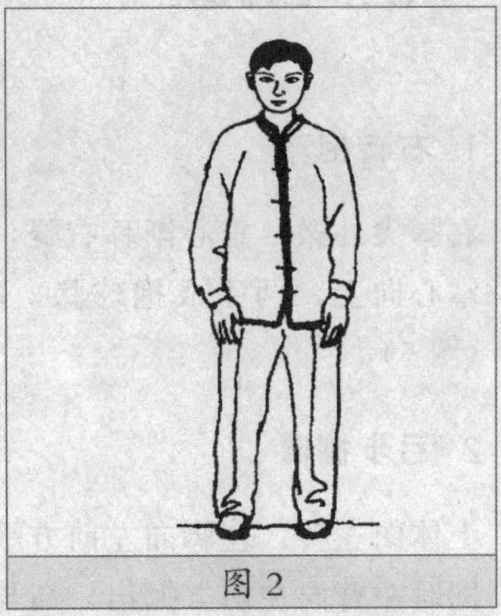

图 2

2. 两臂前举

两臂缓缓往上举，与肩同高、同宽，掌心向下。（图 3）

3. 屈膝下按

上体端直，两腿屈膝下蹲；同时两手下按于腰腹前，掌膝相对，眼平视前方。（图 4）

图 3

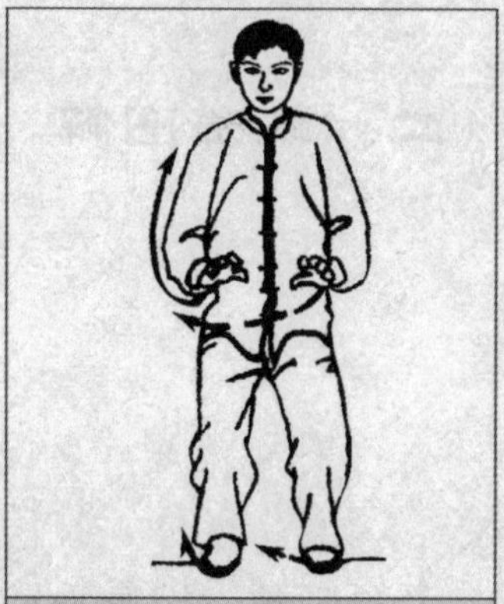
图 4

图 5

（二）右揽雀尾式

1. 右转抱球

右脚尖外撇，重心渐移右腿，上体微向右转，右臂向右上划弧屈于胸前，掌心向上，两手成抱球状，左脚收于右脚内侧，虚步点地，眼看右手。（图 5）

2. 弓步掤臂

上体向左转，左脚向左前方平跨一步，脚跟轻落地，重心前移成左弓步；同时左臂向左前方掤出，高与肩平，掌心向内，指朝右，右手自然下落于右胯旁，掌心向下，指朝前，右腿自然绷直，眼看左手。（图 6、图 7）

3. 收脚抱球

上体微左转，重心再前移至左脚，右脚收至内侧；左臂内旋屈于左胸前，右臂外旋向左划弧后至左腹前，两手掌心相对成抱球状，眼看左手。（图 8）

图 6

图 7

图 8

4. 迈步掤臂

上体右转，右脚向右前方跨一步，先脚跟后脚掌着地，随之缓缓屈膝变为右弓步；同时，右臂向前方掤出，掌心向内，指朝左，略高于肩，左掌向左下方落于左胯旁，掌心向下，指朝前，目视右手。（图 9、图 10）

图 9

图 10

5. 向后捋坐

上体微右转，右掌前伸，掌心向下，左掌同时翻转上托，至右腕下方，随之双掌向后下方捋至腹前，掌心斜相对，上体随之后坐，重心由右

图 11

图 12

图 13

图 14

脚移至左脚，目视右掌。（图 11、图 12）

6. 弓步前挤

上体微左转，左右手同时划弧抬至胸前，右掌在前，掌心向后，左掌在后，掌心向外，左掌指附于右腕内侧，两掌一齐向前推出；同时重心向前移，右腿屈膝变为右弓步，眼视前方。（图 13、图 14）

7. 转身竖掌

重心慢慢后移至左脚，屈膝承重，右脚尖上翘内扣脚掌着地，右腿自然伸展；同时上体微右转后左转，随之右臂翻掌外旋，经右前方划弧后屈肘至左肩前，前臂及掌竖直，掌心向上，指朝斜上方，左掌仍附于右腕内侧随右掌划弧，最后掌心向右，指朝前，目视右掌。（图 15、图 16）

图 15

8. 转掌收脚

上体微右转，重心右移至右脚，左脚收至右脚内侧，脚尖点地成丁虚步；同时右臂内旋肘外旋，转掌向右前方成立掌，腕与肩平，左掌仍附于右腕内侧，眼看右手。（图 17）

图 16

图 17

（三）左单鞭式

1. 钩手跨步

上体左转，随之左脚向前跨一步，脚跟着地；同时右掌变钩手，左掌

向左划弧至面前，目视左掌。（图 18）

图 18

图 19

2. 弓步推掌

上体再左转，重心前移成左弓步，左掌翻掌带臂向前推出，腕同肩高，眼看左手。（图 19）

（四）提手式

1. 转体旋臂

重心后坐体右转，随之左脚尖上翘内扣，左掌向右平摆划弧，眼看左手。（图 20）

图 20

2. 提脚提手

重心左移，左脚屈膝承重，右脚稍上提再落下，脚尖上翘，脚跟点地；同时右臂内旋屈肘，成侧立掌举于右前方，

指尖齐眉掌心向左，左臂屈收侧掌于右肘内侧，掌心向右指尖斜向上，眼看右手。（图 21、图 22）

图 21

图 22

（五）白鹤亮翅式

1. 转体抱球

上体左转，右脚稍后撤，脚尖内扣，重心渐右移；两手随转体同时向左稍下方划弧，右掌翻掌向上停于腹前，左掌停于面前，两手成抱球状，眼看左手。（图 23）

图 23

2. 坐体合手

重心继续右移，右腿屈膝承重，上体后坐并右转，两手向右上方靠拢，右手平臂掌心向左，左手立掌附于右腕内

侧，眼看右手。（图 24）

图 24

图 25

3. 分手亮翅

上体微左转，左脚稍向后收，脚尖点地成虚步，重心稍向后移，两手朝右上、左下划弧分开，右掌高齐额，掌心向内，左掌停于左胯侧，掌心向下，指朝前，眼平视前方。（图 25）

（六）搂膝拗步式（二式）

1. 转体绕臂

上体微向左转后又向右转，重心移至右腿，左腿提起一拳高位于右腿内侧；同时，右手向左下方经腹前再向右上方划一大弧，立掌停于右前方，高与头平，掌心斜向内上，左手向右上方划弧后停于右肋前，掌心向下，眼看右手。（图 26、图 27）

2. 推掌搂膝

上体左转，左脚向前跨一步，脚跟脚尖先后着地，重心前移渐成左弓

图 26

图 27

图 28

图 29

步。同时，右手经身旁随弓步向前推出，腕与肩平，掌心斜向前，左手向左下方由腹前搂过左膝，按于左胯侧，眼看右手。此为左搂膝拗步。（图 28、图 29）

3. 绕臂上步

重心稍向后，提起左脚尖向外撇，上体左转，重心移向左脚，随之提起右脚，向前经由左脚内侧并向右前方上一步，脚跟着地；同时，右臂向

左划弧经腹前停于左肋旁，平掌，左手向左上方划弧，高与头平，掌心斜向上；眼先看左手，后平视前方。（图 30～图 32）

4. 推掌搂膝

动作同上（图 29），但方向左右相反。重心前移成右弓步；同时左掌向前推出，右掌搂过右膝停于右胯侧，眼看左掌。（图 33）

图 30

图 31

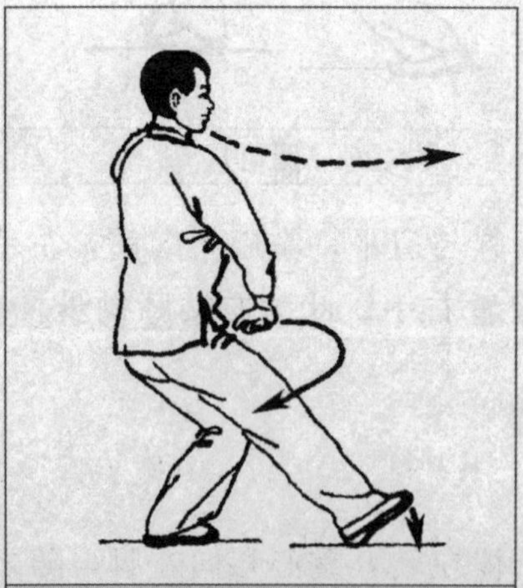
图 32

图 33

（七）撇身捶式

1. 上步握拳

重心稍后，右脚尖稍外撇，上体随之右转，并将重心前移至右腿，提起左脚虚附于右脚内侧；同时，左臂向前下方划弧，转腕握拳落于小腹前，右手经体侧向上、向内划弧横停于左臂内侧，眼看左前方。（图 34、图 35）

图 34

2. 弓步撇拳

左脚向左前方跨出一步，脚跟、脚尖依次着地，随重心前移成左弓步；同时左拳经体前上举经面前向左前方翻转撇打，拳背向前，拳高与头平，右手随左拳动作仍附于左前臂内侧。（图 36、图 37）

图 35

图 36

图 37

（八）捋挤势式（二式）

1. 后坐抹掌

重心稍后移，左脚尖内扣，上体右转，左拳变掌，右掌向右平抹划弧后，再次收于左前臂内侧，眼看左掌。（图 38）

图 38

2. 弓步后捋

重心前移，渐成左弓步，上体继续右转，右掌由左向右前方划弧平抹，掌心斜向下，左掌落于右肘内侧下方，掌心斜向上；随后，两掌同时向下，向后捋，直至左掌停于左胯旁，右掌停于腹前，重心移至左脚，右脚收于左脚侧，目视右前方。（图 39、图 40）

图 39

图 40

3. 后坐旋臂

右脚向右前方上步，脚跟着地；同时两手翻转（左前臂内旋，右前臂外旋）屈臂上举，收于胸前，掌心相对，目视前方。（图 41）

图 41

图 42

4. 弓步前挤

重心渐前移，成右弓步；同时两臂向前挤出，撑成圆形，左掌贴于右腕内侧，掌心向外，指尖斜向上，右掌心向内，指尖向左，高与肩平，目视右掌。（图 42）

5. 后坐穿臂

重心后移，右脚尖内扣，上体左转，右掌翻转向上，左掌划一小弧后从右前臂向斜上方穿出，掌心斜向前下方。（图 43）

图 43

6. 弓步后捋

动作同（八）2，唯手脚和动作左右

图 44

图 45

图 46

图 47

相反。(图 44、图 45)

7. 后坐旋臂

动作同（八）3，唯手脚和动作左右相反。(图 46)

8. 弓步前挤

动作同（八）4，唯手脚和动作左右相反。(图 47)

（九）进步搬拦捶式

1. 后坐划弧

重心向后转，左脚尖外撇，上体左转，左掌向下划弧，掌心向上，右掌向右前方伸展，掌心斜向下，头随上体转动。（图 48）

图 48

2. 跟步收拳

重心前移，左脚尖着地，右脚收于左脚内侧，左掌向左上方划弧收于体前，掌心向下，右掌向左下方划弧，变拳收于腹前，拳心向下，眼平视前方。（图 49）

图 49

图 50

3. 搬拳按掌

右脚向前上步，脚跟着地，脚尖外撇，右拳随势由左臂内侧向前翻转

搬出，拳心向上，与胸齐平，左掌由上向左下按至左胯旁，眼看右拳。（图 50）

图 50

4. 上步拦掌

重心向前，上体右转，右前臂内旋向右后划弧至体右侧，拳心向下；同时，左前臂外旋，左掌向前上方划弧前伸至体前，掌心向右；随后左脚向前上一大步，脚跟着地，右拳心转向上，左掌心翻向下，拦于体前，眼看左掌。（图 51、图 52）

5. 弓步冲拳

重心前移成左弓步；同时左拳向前打出，拳眼向上与胸平，左掌收于右前臂内侧，眼看右拳。（图 53）

图 51

图 52

图 53

（十）如封似闭式

1. 穿掌收臂

左掌从右前臂下穿出，掌心向上，右拳随之变掌，掌心转向上；随后

上体后坐，左脚尖上翘，双掌分开屈臂内旋，收至胸前，与肩同高、同宽，掌心斜相对，眼视前方。（图 54、图 55）

图 54

图 55

2. 落掌推掌

双掌翻转向下，落至腹前；同时重心前移至左脚，将右脚收至左脚侧后方，脚尖点地，与左脚相距约一拳成右丁步；同时两掌向前推出，掌心向前，双掌与肩同宽，腕与肩平，目视双掌。（图 56、图 57）

图 56

图 57

（十一）开合手式

双掌开合

以右脚掌、左脚跟为轴，依次向右辗转，变右丁步为双脚并立，踏实；同时两掌转成立掌，掌心相对，屈肘收于胸前，并稍向左右分开，至双掌与肩同宽；随后重心移至左脚，提起右脚跟，双掌向内合拢至与头同宽，眼看双掌。（图 58、图 59）

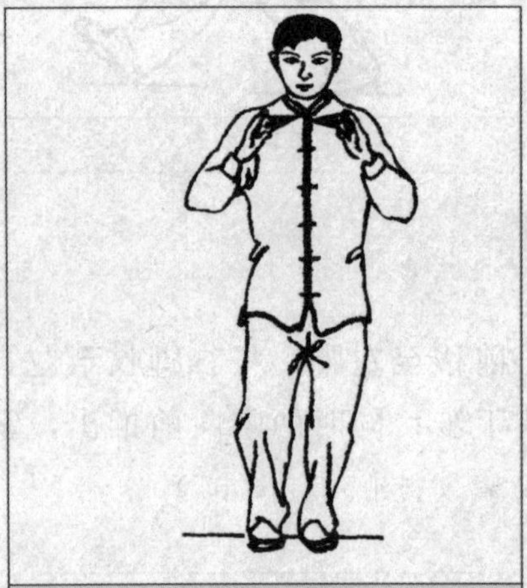

图 58

图 59

（十二）右单鞭式

开步展臂

身体稍向右转，右脚向右横开一步，脚跟着地；随即两臂内旋，虎口相对，掌心向外，目视左掌。重心右移，成右侧弓步（横裆步），两掌向左右平展分开，平举，掌心向外，指尖向上，目视左掌。（图 60、图 61）

图 60

图 61

（十三）肘底捶式

1. 旋臂抱球

重心左移，左脚尖内扣，上体稍左转，右前臂外旋掌心转向上，右掌向内下方划小弧后至右肩前，左掌向左下方划弧至体侧，随后重心右移；上体右转，提起左脚收于右脚内侧，左臂向右经腹前划弧至右体侧，掌心向上，右肘外展掌心向下，两臂、两掌相对成“抱球”状，眼看右掌。（图 62、图 63）

图 62

2. 上步后坐

上体左转，左脚向左前方上步，脚跟着地，脚尖外撇重心后坐；同时，左掌经腹前向左上方划弧，掌心

图 63

图 64

向内，高与头平，右掌经左胸前划弧落于右胯旁，目视左掌。（图 64）

3. 跟步伸掌

上体继续左转，重心前移，右脚前跟半步，脚尖落于左脚后侧，右臂随上体向前上方划弧，掌心斜向上，高与头平，左臂随之向左下方划弧至体左侧，眼看右掌。（图 65）

4. 劈掌收捶

右脚跟着地，重心移右腿，左脚进步，脚跟着地，脚尖上翘，成左虚

图 65

图 66

步，左掌在体侧变侧立掌，向前上方经右腕上方向前劈出，指尖与眉平，右掌内收变拳至左肘侧下方，拳眼向上，成肘底捶。（图 66）

（十四）转身推掌式（二式）

1. 撤脚竖掌

左脚撤至右脚后侧，前脚掌着地，右拳变掌上举，腕高齐眉，掌心向上，左掌翻转下落至右胸前，掌心向下，眼看右掌；随后以右脚跟，左脚掌为轴，向左转身 90°，重心保持在右脚上，左掌竖起，指尖与头平，眼视前方。（图 67、图 68）

图 67

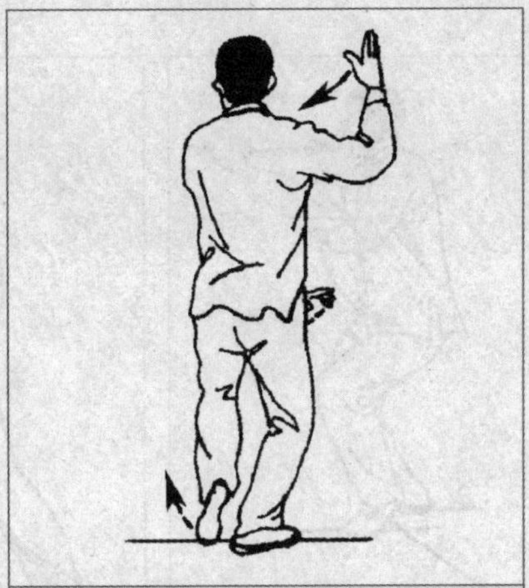
图 68

2. 上步推掌

左脚向前偏左上步，脚跟着地，右掌屈收至右耳旁，掌心斜向前下方，左掌经腹前向左划弧，目视前方；随后重心前移，转腰顺肩，右掌顺势向前推出，掌心向前，指尖与鼻尖平，左掌经左膝上方搂过，按于左胯旁；同时，右脚顺势收至左脚内侧，前脚掌着地，成右丁步，眼视右掌。（图 69、图 70）

图 69

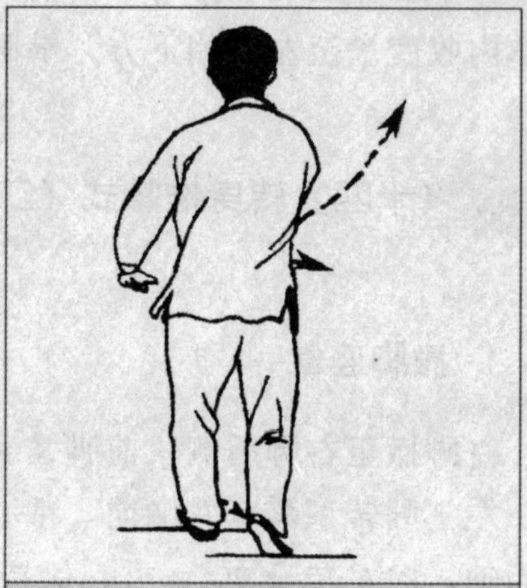

图 70

图 71

图 72

图 73

3. 转身竖掌

以左脚跟、右脚掌为轴，向右转身 90°，重心保持在左脚上，左臂随势向左上方举起，掌高与头平，右掌收至左胸前掌心向下；随后，右脚向右前方上步，脚跟着地，左掌屈于左耳侧，右掌落于腹前，眼平视前方。（图 71、72）

4. 上步推掌

动作与（十四）2相同，唯手脚和动作左右相反。（图73）

上式完成后，上体稍右转，左脚向左撤半步，转入下式。

（十五）玉女穿梭式（二式）

1. 撤步后捋

左臂向右划弧至右胸前，掌心转向上，右掌经左前臂上方向前伸探至体前，掌心斜向下，腕与肩齐平，目视右掌。随后，上体左转，重心左移，两掌同时向下后方捋运，左掌捋至左胯旁，右掌捋至腹旁，右脚顺势收至左脚内侧，目视双手。（图74、图75）

图74

图75

2. 合掌旋掌

右脚向右前方上步，脚跟着地，两臂上举，使两掌对合于胸前，右掌在前，掌心向后，指尖向左，左掌在后，掌心向前，指尖附于右腕内侧，使两前臂成圆环状，眼看右掌。随后，重心前移，上体右转，右脚掌着地，左脚跟步至右脚内侧后方，前脚掌着地，右掌转腕，掌心向上，掌指自左向前划一平弧，右掌随之运动，掌指附于右腕内侧，眼看右掌。（图76、图77）

图 76

图 77

3. 分掌推掌

重心后移，左脚跟落地，上体左转后坐，提起右脚向右前方上一步，脚跟着地，右掌屈肘内旋向右后上方划弧至右肩前上方，掌心斜向外上方，左掌随右掌稍向上运动，后经胸前向下收于左腰际，目视前方。随后，重心前移成右弓步，上体右转，左掌顺势向前上方推出，掌心向前，指尖与鼻尖平，右掌转腕架于右额前上方，掌心斜向上，眼看左掌。至此，已完成“玉女穿梭”右式。（图 78、图 79）

4. 转体变掌

重心后移，右脚尖内扣翘起，上体左转，右臂随转体向左向下，翻掌落于右胸前，掌心向上，左掌向左经右前臂上方划弧穿出，掌心向下，两掌心上下斜相对，目视左掌。（图 80、图 81）

5. 弓步后捋

动作同（十五）1，唯手脚和动作左右相反。（图 81、图 82）

图 78

图 79

图 80

图 81

图 82

图 83

6. 合掌旋掌

动作同（十五）2，唯手脚和动作左右相反。（图 83、图 84）

7. 分掌推掌

动作同（十五）3，唯手脚和动作左右相反（图 85、图 86）。至此，完成“玉女穿梭”左式。

图 84

图 85

图 86

图 85

图 86

（十六）右左蹬脚式

1. 转体翻掌

重心后移，左脚尖内扣，上体右转，左臂向内旋，左掌翻转落于体前，掌心向上，腕与肩平，右掌向左划弧后收至左肘内侧，掌心斜向下，

眼看左掌。（图 87）

图 87

图 88

2. 弓步穿掌

重心前移，成左弓步，上体及头部左转，右掌从左前臂上方穿出后向右上方划弧伸展，左臂屈肘向后划弧收至腰侧，掌心向上。（图 88）

3. 收脚抱拳

上体再右转，右脚收至左脚内侧，右掌向下、向左划一圆弧至胸前，左掌向上、向右划一圆弧至胸前，两掌交叉合抱，右掌在外，双掌心向内，目视右前方。（图 89）

4. 分掌蹬脚

右腿屈膝提起，向右前方缓缓蹬出，脚尖上翘，脚跟高于腰部；两掌同时分别向右前方和左方划弧分开，右掌掌心向前停于右脚尖上方，腕齐肩，左掌掌心向左，两臂伸展，肘稍屈，目视右掌。（图 90）

至此完成右蹬脚。

5. 收腿合臂

右腿屈收向右前方落下，脚跟着地，右臂稍内收，掌心旋向上，左掌

图 89

图 90

图 91

图 92

下落经腰部向胸前划弧至右肘内侧，掌心斜向下，目视右掌。（图 91）

6. 弓步穿掌

动作同（十六）2，唯手脚和动作左右相反。（图 92）

7. 收脚抱掌

动作同（十六）3，唯手脚和动作左右相反。（图 93）

图 93

图 94

8. 分掌蹬脚

动作同（十六）4，唯手脚和动作左右相反。（图 94）

至此完成左蹬脚。

（十七）掩手肱捶式

1. 收腿合臂

左脚屈收落于右脚内侧，两前臂屈肘内旋，使两掌掩合于头前，与头同宽，掌心向脸，目视两掌。（图 95）

图 95

2. 开步叉掌

上体右转，重心右移，轻提左脚向左开步，左脚尖上翘，两前臂向下、向内旋，两掌翻落交叉于小腹右侧，左掌贴于右掌背，掌心均向下，目视两掌。（图 96）

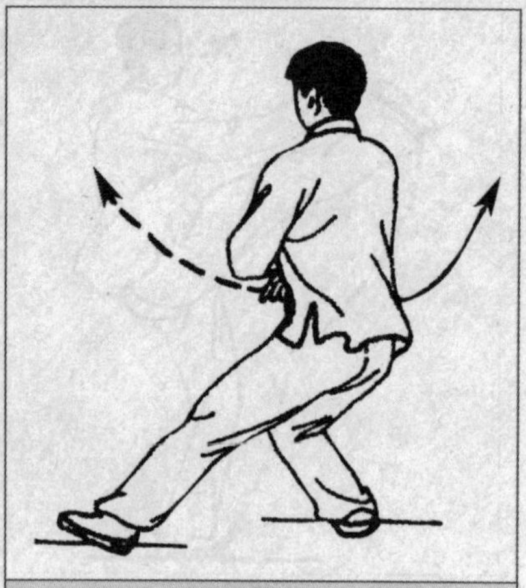

图 96

图 97

3. 马步分掌

上体转正，重心移至两腿之中成马步，两掌向两侧分开，掌心向外，高与肩平，目视前方。（图 97）

4. 左掌右拳

上体微右转，重心右移，两腿半蹲，左臂内旋，掌心向上，高与肩平，右掌内收变拳，屈臂停于胸前，拳心向上，目视左掌。（图 98）

图 98

图 99

5. 弓步冲拳

上体左转，重心左移，转腰顺肩成左弓步，右拳内旋向前方冲打，拳心转向下，左掌后收，掌心贴于左腹前，指尖向右，目视右拳。（图 99）

（十八）野马分鬃式（二式）

1. 弓步按掌

上体左旋，右拳变掌，由上向下按至腹前，双脚保持左弓步，右掌以拇指附于腹部为轴，其余四指依次离腹下垂，指尖向下，目视右手。（图 100）

图 100

图 101

2. 反向抱掌

上体右转，重心右移，右臂屈肘内旋并向内、向上划弧，停于右肩前，拇指向下，掌心向外略高于肩，左臂上提内旋，掌背停于右掌背内，掌心向内，双掌成反向交叠，两臂撑圆，目视双掌。（图 101）

3. 弓步横掌

上体左旋，重心左移成左弓步；同时，右臂向左、向下划弧，掌心向左前方成横掌停于腹前，左臂向内划弧下落停于左腹前，掌心向上，两掌斜对，目视双掌。（图 102）

图 102

图 103

4. 划腹翻掌

左腿向前伸半步，重心右移，两掌同时自右向左在腹前划一小圆弧，并转腕转掌，变成俯掌，掌心向下并列于胸前，指尖向前，目视双掌。（图 103）

5. 提腿托掌

重心后移，左腿屈膝上提，左臂外旋先向左后向内划一圆弧并向前伸，掌心向上停于左腿上方，右掌先向下后向右上方划弧停于右肩前方，掌心向外，指尖朝前，目视前方。（图 104）

6. 弓步张臂

左脚向前上步，重心向前成左弓步，左掌乘势向前穿，指尖朝前，掌心向上，右臂向右伸张，掌心向外，两臂伸张如弯弓状，肩与腕平，目视

图 104

图 105

左掌。（图 105）

7. 转体翻臂

重心后移，左脚尖外撇，上体左转；同时左前臂内旋，翻转掌心向外，肘部微屈，右臂外旋，屈时收掌于右胸侧，掌心向内，目视左掌。（图 106）

图 106

8. 提腿托掌

重心前移，上体左转，右腿屈膝向前提起；右掌向下向内划弧后，上托于右腿上方，掌心朝上；左臂向左后方划弧后，屈肘停于体左侧，腕与肩平，掌心向外，眼看右掌。（图 107）

9. 弓步张臂

动作同（十八）6，唯手脚和动作左右相反。（图 108）

图 107

图 108

（十九）云手式（三式）

1. 转体竖臂

重心左移，右脚尖内扣，上体左转，右前臂屈肘内旋至右胸前，竖臂翘腕，掌心斜向上，左臂随体转动平举，掌心向左，目视右掌。（图 109）

图 109

2. 马步翻掌

上体右转，重心右移，左脚随之向左碾转成右弓步，右肘外旋，前臂伸展，右掌翻向中外横掌于右前方，左掌自左向右经腹前划弧，掌心翻向上，目视右掌。（图 110）

3. 向左云手

左掌由腹前向左上方划弧运转，掌心转向内，指尖齐眉，眼视左掌；

图 110

图 111

上体顺左臂向左运转，重心左移，右掌向左下方划弧运转，掌心转向内。（图 111）

4. 收步转掌

上体继续左转，顺势收右脚于左脚内侧，两脚平行并立，相距约一拳；当两掌运转至最左侧后，左掌心翻转向外，右掌心转向上，眼看左掌。（图 112）

图 112

图 113

5. 向右云手

当右掌运转至面前时，眼睛转看右掌；上体随右臂向右转动，指尖齐眉，重心移至右腿，左掌向右下方划弧运转。(图 113)

6. 开步转掌

上体继续右转，左脚顺势向左开步，当两掌运转至最右侧后，右掌翻向外，左掌翻向上，眼看左掌。(图 114)

图 114

图 115

7. 向左云手

动作同（十九）3。(图 115)

8. 收步转掌

动作同（十九）4。(图 116)

9. 向右云手

动作同（十九）5。(图 117)

10. 开步转掌

动作同（十九）6。(图 118)

图 115

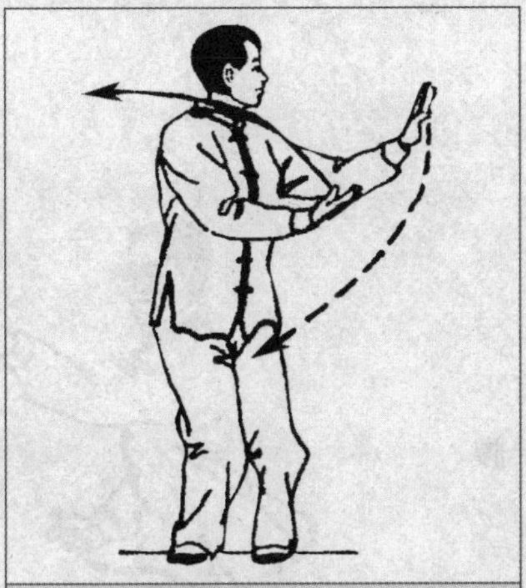

图 116

图 117

图 118

图 119

图 120

11. 向左云手

动作同（十九）3。（图 119）

12. 收步转掌

动作同（十九）4。（图 120）

（二十）独立打虎式

1. 撤步探掌

重心移至右腿，左脚向后撤一步成右弓步，右臂向右前方探伸穿出，掌心斜向前下方，腕与肩平，左掌由上向下划弧停于腹前，掌心斜向上，目视右掌。（图 121）

图 121

2. 转体合坐

上体左转，左腿屈膝，重心左移，右脚尖随之内扣，右掌向下向左划弧，左掌随之向左上划弧，眼视左前方。（图 122）

3. 独立打虎

两掌在划弧中由掌变拳，左拳经体侧屈臂举于左额上方，拳心向外，拳眼斜向下，右拳屈臂收于左胸前，拳心向内，拳眼向上；同时，左腿微屈稳立，右腿屈膝上提，右脚收至裆前，脚尖上翘并内扣，成左独立式，

图 122

图 123

目视前方。(图 123)

(二十一)右分脚式

1. 独立抱拳

继续保持独立式，上体微右转，左脚稍内收，脚尖下垂，两拳变掌叠抱于胸前，右掌在外，掌心皆向内，眼看右前方。(图 124)

图 124

图 125

2. 分掌踢脚

两掌分别向右前方，向左前方划弧分开，两臂平举，腕与肩平，掌心向外，指尖朝上；同时右脚向右前方缓缓踢出，高过腰部，右臂、腿上下相对，眼看右掌。(图 125)

(二十二)双峰贯耳式

1. 收腿落臂

右小腿下落收回，脚尖下垂，两臂屈肘，两掌经面前划弧平行下落于

右膝上方，两肘落于体侧，掌心向上，眼看前方。（图 126）

图 126

2. 落脚变拳

右脚向前落步，脚跟着地；两掌收于腰部，由掌变拳，拳心向上，拳眼向外，目视前方。（图 127）

3. 弓步贯拳

重心前移成右弓步；同时双拳经两侧向前上方贯打，高与鼻平，两拳间距与头宽，拳眼斜向下，双臂微屈，眼看双拳。（图 128）

图 127

图 128

（二十三）左分脚式

1. 开臂叉掌

上体右转，右脚尖外撇，重心后移，双拳变掌向体侧分开，掌心向外，眼看左掌。随后，重心前移，将左脚收于右脚内侧，上体微向左，两

掌从体侧向下向内划弧交于胸前，左掌在外，双掌掌心向内，目视左前方。（图129、图130）

图 129

2. 开臂踢脚

右腿微屈站稳，左腿屈膝提起，左脚尖向左前上方踢出，高过腰部，双掌向左、右方划平弧分开，掌心朝外，腕与肩平，肘部微屈，左臂、左腿上下相对，眼看左掌。（图131）

图 130

图 131

（二十四）转身拍脚式

1. 收臂落脚

上体以右脚尖为轴向右后方旋转，左脚尖稍内扣落于右脚前侧，双膝半屈，上体半坐；同时，两掌从体侧向腹前划弧下落，左掌稍高稍前，掌心斜相对，眼平视前方。（图132）

2. 转体叉掌

重心左移，上体继续向右后方转，侧对左分脚式方向，左脚随体转正，前脚掌着地，两掌向上划弧交叠于胸前，右掌在外，掌心均朝内，目视右前方。（图 133）

3. 展臂拍脚

左腿微屈站稳，右脚向右上方踢出，脚面展平；同时两前臂内旋掌心向外，两臂向外平展，右掌向前顺势击拍右脚面，高度过耳，左臂平举于体侧，腕与肩平，目视右掌。（图 134）

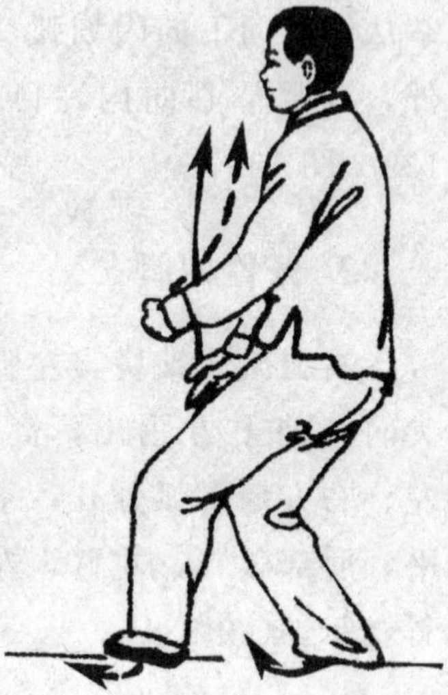

图 132

图 133

图 134

（二十五）进步栽捶式

1. 落脚立掌

右腿屈收，右脚落于体前，脚尖向外撇，上体右转，重心前移，左掌向右划弧后屈肘立掌于体右侧，掌心向右，右掌翻落至腰前，掌心斜向

上。(图 135)

2. 进步举捶

左脚向前上一步，脚跟着地，上体微左转；右掌向右上方划弧，屈肘握拳举于右耳侧，拳心向下。左掌向右向下落于腹前，目视前下方。(图 136)

3. 弓步栽捶

上体左转，重心前移成左弓步，上体稍俯，右拳向前下方打出，落于腹前，拳眼向左，拳心斜向下，左掌自左膝上方搂过，按于左胯旁，目视右拳。(图 137)

图 135

图 136

图 137

(二十六) 斜飞势式

1. 转体变拳

重心后移，左脚尖向外撇，上体左转，右拳向右上方划弧并变成掌，

掌心斜向前，左掌向左划弧。（图 138）

图 138

2. 收脚叉臂

左掌继续向上、向右划一大圆弧，屈于胸前，掌心向右下方，右掌向左下方划弧后屈臂于左前臂内侧，掌心向左下方，两前臂交叉于胸前，目视左掌。（图 139）

3. 弓步飞掌

上体微右转，右脚向右前方开一大步，脚跟着地，上体稍右转；随后重心向前右方移，上体左转成右横裆步（侧弓步），两臂双掌分别向右上方和左下方撑展，右腕与头平，掌心斜向上，左掌与左胯平，掌心斜向下，目视左掌。（图 140、图 141）

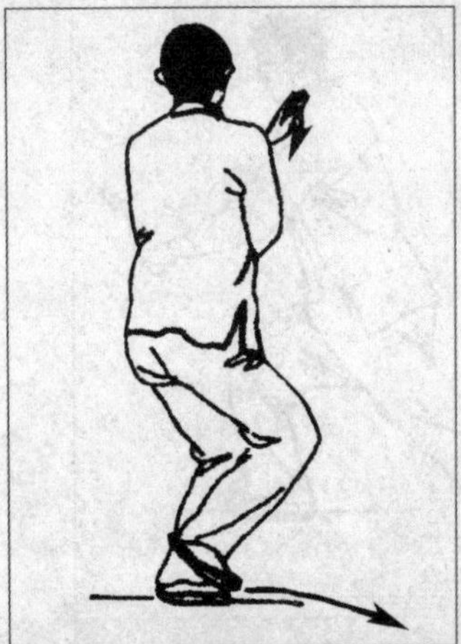
图 139

图 140

图 141

（二十七）单鞭下势式

1. 转体平臂

上体左转，重心左移，右脚跟外展成右弓步，左臂上提，掌变钩手，

腕与肩平，右掌向左肩头前划弧至左肘内侧，掌心向左，两臂平行，目视右掌。（图 142）

图 142

图 143

2. 下蹲穿掌

上体右转，左腿全屈，全身蹲下，成右仆步，右掌顺势下落经腹前顺右腿内侧向右下方穿出，掌心由内转向外，指尖与脚尖方向同，目视右掌。（图 143）

（二十八）金鸡独立式（二式）

1. 弓步挑掌

上体稍右转，重心前移，左脚尖内扣成右弓步，右掌顺势上挑至体右侧上方成侧立掌，右肘半屈，腕与肩平，左钩手下落内旋至体左侧，后钩尖向上，目视右掌。（图 144）

2. 右独立式

重心前移，右腿撑伸，微屈站稳，左腿向前屈膝上提，膝高与腹平，脚尖下垂成右独立式；同时，左钩手变掌，经体侧向前上方挑起成侧立掌停于左腿上方，指尖齐眉，右掌下落按于右胯侧，掌心向下，目视左掌。（图 145）

图 144

3. 左独立式

左脚下落于右脚内侧稍后，上体微左转，重心移至左脚，左腿微屈站稳，右腿屈膝上提，脚尖下垂成左独立式，右掌顺提腿之势由体侧上挑于右腿上方成侧立掌，指尖齐眉，掌心向左，左掌同时下落按于体左侧，掌心向下，目视右掌。（图 146）

图 145

图 146

（二十九）退步穿掌式

退步穿掌

右腿向后撤一步，左腿弯曲，左脚跟稍外展成左弓步，左掌翻转向上经腹前下落后从右前臂上方穿出，腕与肩平，掌心斜向上；同时，右臂内旋屈肘横掌落于左肘下方，掌心斜向左下方，目视左掌。（图 147）

图 147

（三十）虚步压掌式

1. 转体举掌

重心后移，左脚尖内扣，上体右转，左掌向左后方上举，略高于头，掌心向前，右掌向右收于右腹前，指尖向左，目视前方。（图 148）

图 148

图 149

2. 虚步压掌

重心移至左腿，屈膝半蹲，右脚虚提，脚跟内碾再转正成右虚步，上体下沉并半俯，左掌由上而下按于右膝前上方，指尖朝右，右掌绕体按于右胯侧，指尖朝前，目视前下方。（图 149）

（三十一）独立托掌式

1. 独立托掌

左腿撑伸微屈站稳，上体直立，右腿屈膝提起，膝高于腹，脚尖下垂成左独立式，右掌从体侧翻转上托于体前，掌心向上，左掌向左上方划弧，横掌停于体右侧，掌心向外，双腕略高于胸，目视右掌。（图 150）

图 150

（三十二）马步靠式

1. 落脚伸掌

右脚前落，重心前移，脚尖外撇，上体右转，右掌翻转向右下侧划弧，掌心向下；左臂外旋向右上方划弧，指尖与头平，目视前方。（图 151）

2. 转体提脚

上体继续右转，重心前移，提起左脚收于右脚内侧；右掌向右上方划弧举于体右侧，指尖与头平，左掌向内经胸部变拳落于右腹前，拳心向下，拳眼向内，目视右掌。（图 152）

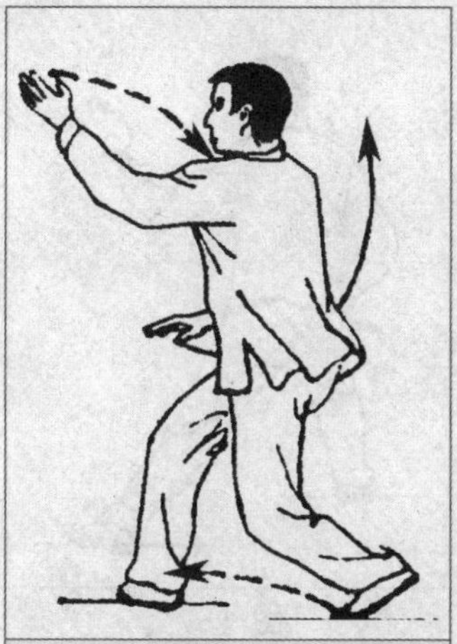
图 151

图 152

图 153

3. 马步靠拳

上体左转，左脚向左前方上步，重心向前成马步；同时，左前臂内旋由腹前向左前方挤靠，拳眼向内，胸前推靠于左上臂内侧，指尖附于臂内侧，掌心向左，目视左前下方。（图 153）

（三十三）转身大捋式

1. 旋臂转掌

重心后移，左脚尖外撇上翘，左臂外旋，左拳变掌，右臂向外，两掌心同时翻向外，目视双掌。（图 154）

图 154

2. 收脚翻掌

重心向前，左脚尖着地，右脚收于左脚内侧，上体左转，右臂向外翻转前伸于体右侧前，掌心向上，左臂外旋，向内向上屈臂，翻掌于胸前，掌心向下，指尖向右，目视右

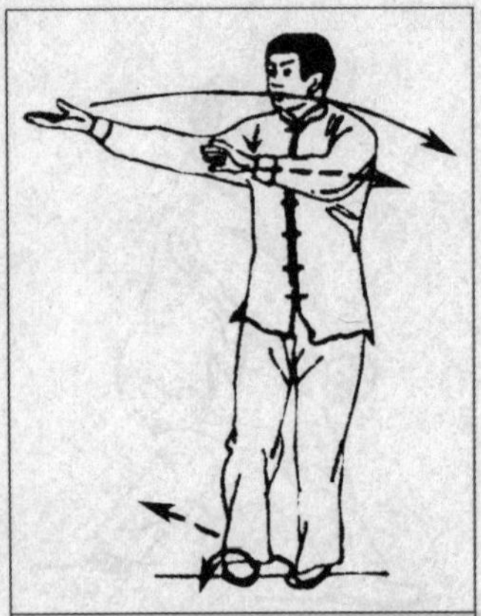
图 155

图 156

图 157

掌。（图 155）

3. 弓步平捋

右脚跟外展，重心移向左腿，上体左转，左脚后撤一步成右马步；同时两臂随体转向左平捋至体前，右掌指尖与头平，掌心斜向左，左掌停于右前臂内侧，掌心向右，目视右掌。（图 156）

4. 裆步握拳

上体继续左转，重心再左移，右脚跟顺势外碾，成左横裆步。两掌继续左捋，逐渐变成拳，左臂渐外旋，屈肘，收于左腰侧，拳心向上，右臂渐外旋收于右胸前，拳略低于肩，肘微屈，拳心斜向上，目视右拳。（图 157）

（三十四）歇步擒打式

1. 斜身撑拳

重心移至右腿，上体微右转成右横裆步；同时右前臂内旋举肘，右拳外撑于头部右前方，拳心向外，略高于额；左臂内旋，左拳向体侧后方撑出，拳心向后，肘微屈，目视前方。（图 158）

图 158

图 159

图 160

2. 收拳伸掌

左脚尖先外展，随即上体左转，重心前移，上体下沉，左臂内旋，左拳变掌向左前方伸展，掌心向右，右臂向下划弧收于腰间，拳心向上；头随体转，目视前方。（图 159）

3. 歇步擒打

重心前移，右脚上前一大步落于左脚前半步位置，右脚跟斜向左，左腿屈膝，沉膝于右小腿后面，前脚掌着地，两腿交叉屈蹲成歇步，左掌由掌变拳，收于腹前，拳心向下，右拳向左前方打出，停于左拳上面，拳心向上，两拳背斜相对，目视右拳。（图 160）

（三十五）穿掌下势式

1. 直腿旋掌

两腿撑伸，上体上升右转，重心移至右腿，提起左脚收于右脚内侧，两拳变掌向上划弧，右臂内旋，提至胸前成横掌，掌心向外，指尖向左，左臂外旋伸肘停于左前方，腕与肩平，掌心向右，目视左掌。（图 161）

图 161

图 162

图 163

2. 弓步挥臂

左腿继续向左前上步，上体右转，右腿屈蹲，重心落于右腿，两掌向上向右挥臂经面前划弧至体右侧方，掌心斜向下，指尖斜向右上，右掌齐头平，左掌停于右上臂内侧，高与肩平，眼看右掌。（图 162）

3. 下势穿掌

右腿全蹲，左腿伸直成左仆步，上体左转，两臂双掌向下向左经腹前顺左腿内侧穿出，左掌在前，位于左小腿内侧，掌心向右，右掌在后，位于膝侧，掌心向左，眼看左掌。（图 163）

（三十六）上步七星式

1. 弓步挑掌

左腿屈，右腿蹬，两脚尖分别外撇、内扣，重心前移成左弓步，左掌乘势向前上方挑起，腕与肩平，掌心向右，右掌微向后收于右胯侧，眼看左拳。（图 164）

2. 上步叉拳

重心再前移，提起右脚向前上步，脚掌着地成右虚步，左掌变拳屈肘内收，拳心向内，右掌变拳向前向上划弧，拳心向上，使两拳两腕交叉于体前，右拳在外，两拳背相对，腕与肩平，眼看左拳。（图 165）

图 164

图 165

（三十七）退步跨虎式

1. 退步变掌

重心后移，右脚向右后方退一步，上体右转，双拳同时变掌，左掌随体转稍向右后方划短弧，掌心向右，指尖与头平，右掌向右下方划弧至右胯旁，掌心向下；头随体转，眼看右前方。（图 166）

2. 屈身落掌

左脚向后收至右脚侧，前脚掌着地，与右脚成斜丁步，上体左转，并随双臂的下落向左下方半屈；同时，右掌向上经头前向左下方划圆弧落于左膝外侧，掌心斜向后外方，左掌经胸前向左下方绕体下落于左腿外侧；目随体转后斜看右手。（图 167）

3. 提脚振臂

右脚伸撑，微屈站稳，上体向上伸展，左腿乘势向左上方举起，膝微

图 166

图 167

图 168

屈，脚尖稍内扣，右掌随体升向右上方挑起成立掌，掌心斜向前，腕与肩平，左臂向体左侧上方振举并变钩手，钩尖向下，高与肩平，眼看左前方。（图 168）

（三十八）转身摆莲式

1. 落脚摆掌

左脚下落至右脚左前方，脚跟着地，脚尖内扣，右腿半屈，重心稍后移，上体右转，左钩手变掌，掌心向上，左臂随体平摆至左前方，腕与肩平，右掌变平掌，右臂屈肘随体转平摆，右掌停于右胸前，掌心向下，眼平视前方。（图 169）

图 169

2. 转身摆掌

以两脚掌为轴，向右后方转身约 90°，左臂经面前平摆划弧，半屈肘停于体左前方，掌心向上，指与头平，右掌翻转向上停于胸前；头随体转，眼看左掌。（图 170）

3. 转身探掌

上体继续右转约 90°，直至与（三十七）退步跨虎式相背，重心落于

图 170

图 171

图 172

左腿，右脚前掌虚点地，右掌经胸前，左肘侧向左穿出后再向右划弧，掌心斜向右前方，指尖向上，腕与肩平；左掌向面前翻转下落于右肩侧，掌心向右，眼看右掌。（图 171）

4. 双掌拍脚

左脚微屈站稳，右脚提起先偏左后向右上方做弧形摆动，脚面展平，两掌由右向左上方平摆，在面前先左掌、后右掌依次拍击右脚面，目视双掌。（图 172）

（三十九）弯弓射虎式

1. 独立摆掌

右小腿下落，屈膝提于体前，脚尖下垂，成左独立式，上体左转，两掌拍脚后继续向左摆至左肩前，掌心向下，高与肩平，眼看左掌。（图 173）

2. 落脚划弧

右脚向右前方落步，脚跟着地，上体右转，双掌同时向左下方划弧，

图 173

图 174

眼看左掌。（图 174）

3. 弓步射虎

重心前移，上体右转，两掌继续向右划弧，至体右侧时两掌变拳，拳心向下，眼看右拳。随后，重心再前移，右腿弓，左腿绷，成右弓步，上体左转，左拳经面前伸肘划弧向左前方打出，拳心斜向前，高齐鼻；同时右拳屈肘向左前方打出，至右额前，拳心斜向外，眼看左拳。（图 175、图 176）

图 175

图 176

（四十）左揽雀尾式

1. 收脚抱球

重心稍后移，使右脚尖翘起外撇，重心再前移，上体右转；同时，双拳变掌，右掌翻转向下划弧至右腹前，掌心向上，左掌稍向左外伸，掌心向外。随后左脚收至右脚内侧，右掌自下而上划半个圆弧，至右肩前，掌心翻向下，高齐肩，左掌向右下方划弧至右腹前，掌心向上，两掌成抱球状，眼看右掌。（图 177、图 178）

图 177

图 178

2. 上步掤臂

上体左转，左腿向前上步，脚跟着地，左掌由腹部向左前上方掤出，右掌由上向下划弧；随着两臂划弧，身体重心前移渐变成弓步，左掌至左前方，高与鼻平，掌心斜向内，右掌至右胯侧，掌心向下，眼视前方。（图 179、图 180）

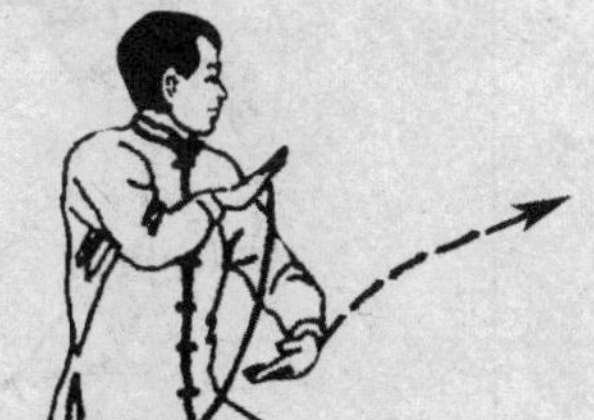
图 179

3. 平臂后捋

右掌心翻转向上，经腹前向前上方划弧托起，

图 180

图 181

图 182

直至右前臂内侧；同时，左掌转腕，掌心向下，上体随右臂运动微左转，目视右掌。随后，上体右转，重心后移，两掌同时经腹前向右上方后捋，右掌至右侧前方，腕平肩。左掌屈臂于右胸前，两掌前后斜相对，眼看双掌。（图 181、图 182）

4. 对掌前挤

上体左转，左臂随体转向左上划一短弧，右臂屈肘内收于胸前，左掌在前，成双掌相对，高与肩平，两臂撑圆，目视前方。随后，重心前移成左弓步，双臂平行向前平挤，高与肩平，右掌手指附于左腕内侧，眼看双掌。（图 183、图 184）

图 183

图 184

5. 分掌后捋

身体保持原势，右掌从左掌上方伸出，两掌分开与肩同宽，掌心向下。随后，上体后坐，重心后移，左脚尖上翘，两臂经胸前向后下方捋至腹前，掌心斜向下，眼看正前方。（图 185、图 186）

图 185

图 186

图 187

6. 弓步前推

重心再次前移成左弓步；同时两掌平行向前上方推按，直至臂直（肘稍屈），掌心向前，腕与肩平，眼看正前方。（图 187）

至此依次完成抱、托、捋、挤、拉、按等动作。

（四十一）十字手式

1. 转身分掌

上体右转，重心随之向右移，左右脚尖分别内扣、外展，右掌随体转平摆至面部右前方，左掌同时向左平摆于体左侧，掌心均向外，眼看右掌。（图 188）

图 188

2. 裆步举臂

上体再向右转，右脚尖随之再外展，重心右

图 189

图 190

图 191

移成右横裆步，右掌划弧至体右侧，两臂平举于上体两侧，肘微屈，掌心斜向前下，眼看右掌。（图 189）

3. 收臂抱掌

上体左转，左脚尖内扣，重心左移，两臂向下向内经腹前交于胸前，右掌在外，两腕相交叉，掌心向内，目视两掌。（图 190）

4. 收步叉手

右脚随体转收于左脚内侧，两脚并立与肩同宽，两腿缓缓直立，两肘进一步弯曲，双掌成斜十字交叉于胸前，指尖向外，拇指尖略高于肩，眼看双掌。（图 191）

（四十二）收势

1. 旋臂分掌

两腿保持原式，双臂内旋，双掌在胸前翻腕向左右分开，宽与肩同，掌心斜向前下方。（图 192）

2. 自然落掌

两掌缓落于两腿外侧，松肩垂肘，全身自然直立，放松，眼看正前

方。（图 193）

3. 收脚直立

重心缓移至右脚，将左脚收至右脚内侧，腿脚并拢，全身放松直立，眼看正前方。（图 194）

图 192

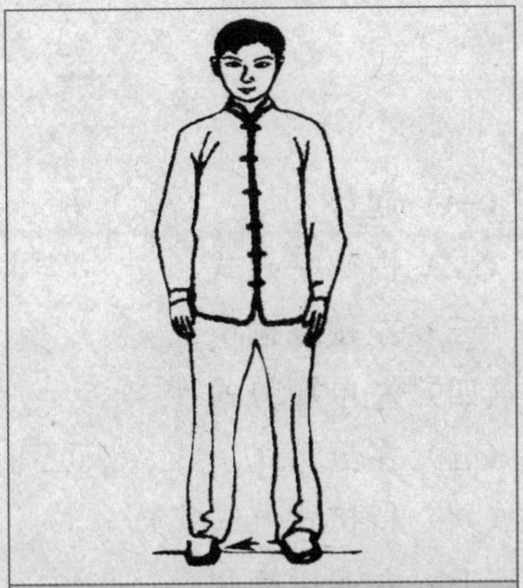
图 193

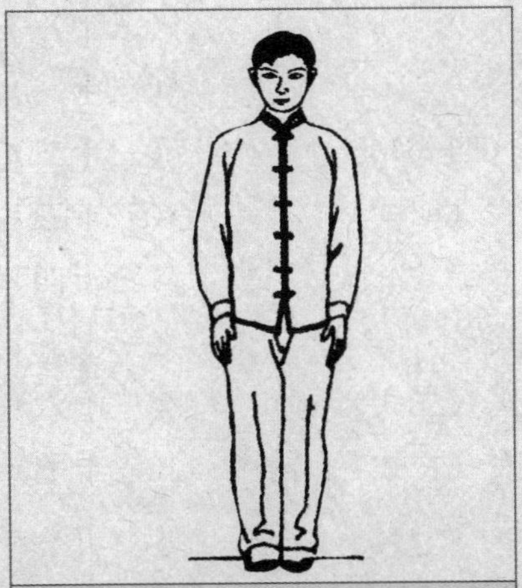
图 194

第六篇　四十八式太极拳

一、动作名称

（一）起势
（二）白鹤亮翅式
（三）左搂膝拗步式
（四）左单鞭势式
（五）左琵琶式
（六）捋挤式（三式）
（七）左搬拦捶式
（八）左掤捋挤按式
（九）斜身靠式
（十）肘底捶式
（十一）倒卷肱式（四式）
（十二）转身推掌式（四式）
（十三）右琵琶式
（十四）搂膝栽捶式
（十五）白蛇吐信式（二式）
（十六）拍脚伏虎式（二式）
（十七）左撇身捶式
（十八）穿拳下势式
（十九）独立撑掌式（二式）
（二十）右单鞭势式
（二十一）右云手式（三式）
（二十二）右左分鬃式
（二十三）高探马式
（二十四）右蹬脚式
（二十五）双峰贯耳式
（二十六）左蹬脚式
（二十七）掩手撩拳式
（二十八）海底针式
（二十九）闪通臂式
（三十）右左分脚式
（三十一）搂膝拗步式（二式）
（三十二）上步擒打式
（三十三）如封似闭式
（三十四）左云手式（三式）
（三十五）右撇身捶式
（三十六）左右穿梭式
（三十七）退步穿掌式
（三十八）虚步压掌式
（三十九）独立托掌式
（四十）马步靠式
（四十一）转身大捋式
（四十二）撩掌下势式

二、练法图解

（一）起势

1. 自然站立

精神集中，两眼平视，自然呼吸。两脚并拢，头正颏收，松肩垂臂，全身自然放松。（图 1）

图 1

2. 左脚开步

左脚向左开半步，与肩同宽。（图 2）

3. 平举双臂

两手缓慢向前平举，掌心向下，指微屈，直至臂高与肩平，相距同肩

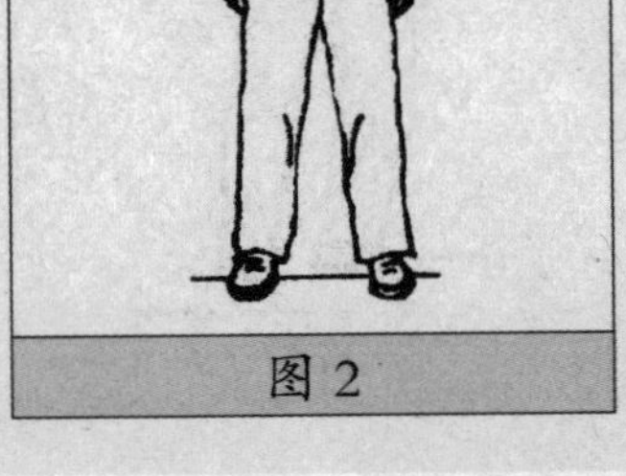

图 2

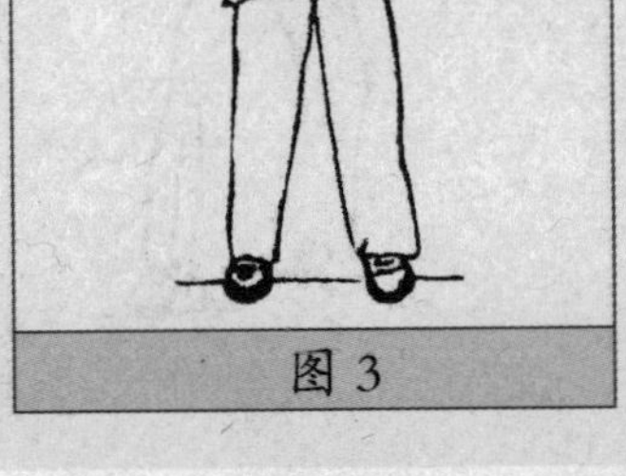

图 3

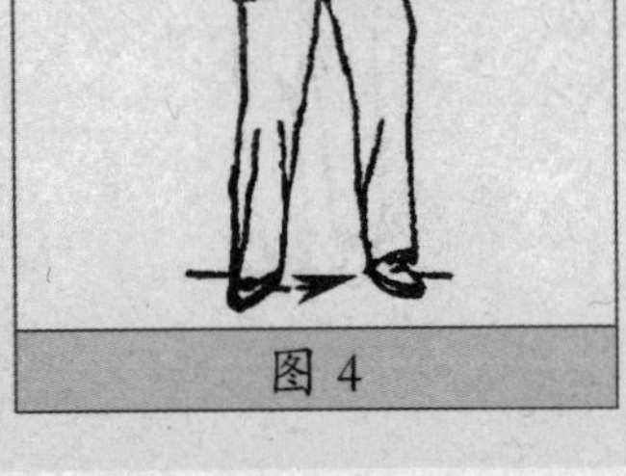

图 4

宽，松肘微垂。（图 3）

4. 屈膝按掌

上体保持原势，两腿缓缓屈膝半蹲；同时双掌轻松下按至腹前，掌心与膝相对。（图 4）

（二）白鹤亮翅式

1. 转体抱球

上体微左转，重心移至左脚，右脚缓提收至左脚内侧，脚尖点地；同时，左臂向外划弧屈收在左胸前，右臂经腹前向左划弧，两掌掌心相对，置于胸前呈抱球状，眼看左前方。（图 5）

2. 撤步顺臂

右脚向右后方撤半步，重心后移，上体随之右转；右掌向右上方划弧，掌心斜向内；左掌经右肩前向下划弧，眼看右掌。（图 6）

3. 开臂亮翅

上体左转，面向前方，左脚尖稍内扣，前脚掌着地成虚步；同时，两

图 5

图 6

图 7

掌继续划弧，右掌上提至头部右上方，掌心向内，指略高于头部。左掌下按于左胯旁，掌心向下，指尖向前。两臂肘部微屈，成环状上下相对，眼看前方。（图 7）

（三）左搂膝拗步式

1. 顺臂收脚

上体微左转，右掌经体前划弧下落，左掌经体侧划弧上举；随后，上体转向右，右掌由下向右上方划弧，与耳同高，掌心斜向内上方。左掌同时由左向右划弧至右胸前，掌心斜向下。左脚同时上提收至右脚内侧，脚尖点地，眼看右掌。（图 8、图 9）

2. 进步搂膝

上体左转，左脚向左前方进步（两脚横跨 2～3 拳），随即重心前移成左弓步；同时，右掌屈收经耳侧向前推出，掌心向前，指尖平鼻。左掌向左经左膝前上方搂过，按于左胯侧，掌心向下，指尖向前。上体保持正直，腰胯放松，眼看右掌。（图 10）

图 8

图 9

图 10

(四)左单鞭势式

1. 后坐旋掌

上体后坐，重心移至右腿，左脚尖内扣，上体右转；同时，右臂随体向右后方转，掌心转向下。左掌经体侧向上屈肘划弧至左胸前，高与肩平，掌心斜向下。头随体转，眼看前方。(图 11)

图 11

2. 收脚穿掌

左脚落实，重心左移，右脚轻提收至左脚内侧；右臂外旋经胸前从左肘下方向左前方穿出，掌心向上。左臂同时微收架于右前臂上方，眼看左掌。(图 12)

3. 弓步旋掌

右脚向右前方迈步，重心前移成右弓步；同时，右臂稍向前，使左掌

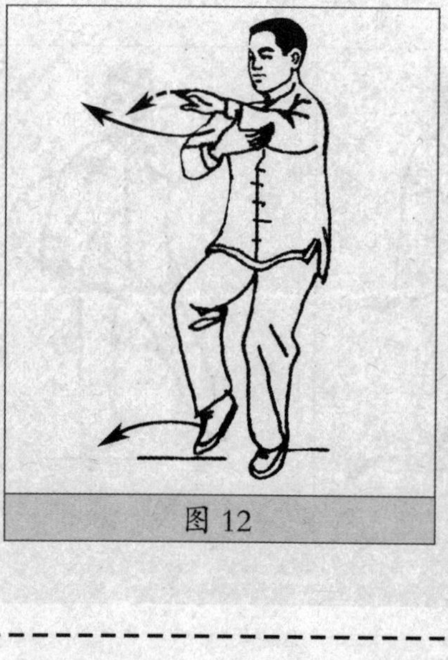

图 12

图 13

附于右腕内侧，双掌同时自左向前划半个圆弧，掌心斜相对。上体保持正直，腰胯放松，眼看右掌。（图 13）

4. 后坐旋掌

上体后坐，右脚尖上翘，重心移至左腿；右腕、肘同时弯曲，使右掌由前向右，后再划半个圆弧至右胸前，左掌仍附于右腕内侧随动，眼看右掌。（图 14）

5. 收脚钩手

右脚尖内扣落地，重心前移至右脚，随即收起左脚于右脚内侧；同时右前臂在右肩前划小弧前伸，右掌前按并变钩手，钩尖向下。左前臂随之外旋，掌心翻向内上方，停于右肘内侧，眼看右掌。（图 15）

6. 弓步推掌

上体左转，左脚向左前方迈步，重心前移成左弓步；同时，左前臂外旋将掌心翻向前，左掌向前推出，指尖平鼻。右臂及掌钩与左臂平行相对，眼看左掌。（图 16）

图 14

图 15

图 16

（五）左琵琶式

1. 跟步划弧

重心向前移至左脚，提起右脚跟进半步，右脚尖着地于左脚后跟稍后；同时，右钩手变掌向前平摆划弧至体前方，掌与肩平，掌心斜向上。左掌向内向下落于腹左前方，眼平视前方。（图 17）

图 17

图 18

2. 后坐侧掌

右脚全落地，重心移至右脚。左脚稍向前上步，后脚跟着地，成左虚步；同时右臂屈肘回缩，前臂微内转，掌心转向左。左掌向外上方挑起至体前，掌心向右，指尖齐眉。右掌停于左肘内侧，掌心对左肘，眼看左掌。（图 18）

（六）捋挤式（三式）

1. 弓步穿掌

左脚尖上翘外展后落地，重心向前成左弓步；右掌向上向左前臂上方穿出，同时上体向右转，右掌随体转由左向右平抹摆至右前方，指尖略高于肩，掌心斜向外下方。左前臂微外翻，掌心斜向上、向后收至右肘内侧，眼看右掌。（图 19、图 20）

2. 跟步后捋

收起右脚，跟步将右脚尖停于左脚内侧成虚步；同时，双臂由右前方向左后方划弧，右掌捋至腹前，左掌捋至体左侧，眼看右前方。（图 21）

图 19

3. 上步叉掌

右脚向右前方上步，脚跟着地；同时，右臂向内、向上划弧至体右前方，左臂向外、向上划弧收于右前臂内侧。右掌指尖向前，左掌指尖向上成交叉掌，掌心相对，眼看右前方。（图 22）

图 20

图 21

图 22

4. 弓步前挤

右脚掌全着地，重心移至右脚成弓步；两臂同时随势向前挤出，臂撑圆，左掌指贴近右腕，双掌与肩平，眼看双掌。完成第一个右捋挤式。（图 23）

图 23

图 24

图 25

5. 弓步穿掌

同（五）1，唯手脚和动作左右相反。（图 24、图 25）

6. 跟步后捋

同（五）2，唯手脚和动作左右相反。（图 26）

7. 上步叉掌

同（五）3，唯手脚和动作左右相反。（图 27）

图 26

图 27

8. 弓步前挤

同（五）4，唯手脚和动作左右相反，完成左捋挤式。（图 28）

9. 再作右捋挤式

同（五）1～4，动作也一样。（图 29～图 33）

图 28

图 29

图 30

图 31

图 32

图 33

（七）左搬拦捶式

1. 转体划弧

重心后移，将右脚尖外展，上体微左转，右臂向下、向后划弧停于腰侧，掌心转向上，左臂向左前方划弧伸展，掌心斜对前下方，眼看右掌。（图 34）

图 34

2. 收脚屈臂

重心前移至右脚，将左脚收于右脚内侧；同时，上体微右转，右掌在体侧向上划半个圆弧停于右胸前，掌心向下，高齐肩。左掌向右下方划弧、变拳收于左前臂下方，拳心向下，眼看右前方。（图 35）

3. 上步搬拳

左脚向前上半步，脚跟着地，上体微左转；同时，左拳随势向前方搬

图 35

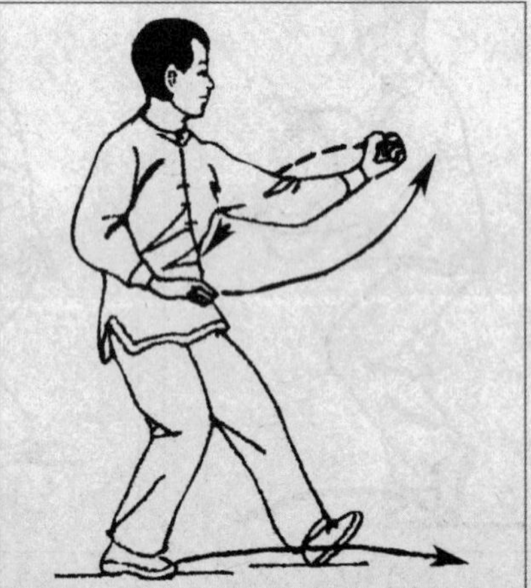

图 36

出，拳心向上，右掌顺势向下按至右胯旁，眼看左拳。（图 36）

4. 上步拦掌

重心前移至左脚，提起右脚向前上步；左拳向左划弧收于左腰侧，拳心向上，右掌经体侧向前划弧拦出，高齐肩，掌心斜向前下方。上体随掌微左转，眼看右掌。（图 37）

5. 弓步冲拳

重心继续前移成右弓步；左拳由腰际向前冲打，拳心向右，高齐胸。右掌同时收于左前臂内侧，眼看左拳。（图 38）

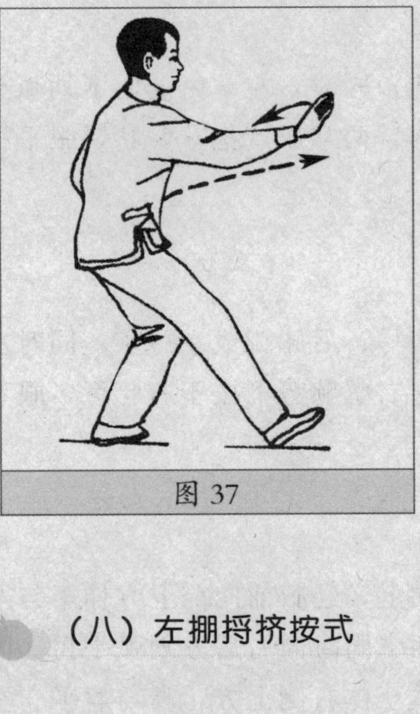
图 37

图 38

（八）左掤捋挤按式

1. 后坐变掌

上体后坐，并向右转，重心移至左脚，右脚尖外展。右小臂外旋向下划弧收于腹右侧，掌心向上。左拳变掌，小臂稍内旋并前伸，掌心斜向前下方，眼看前方。（图 39）

图 39

图 40

2. 收脚抱球

重心前移至右脚，左脚收于右脚内侧；同时，左掌由前向下划弧至腹前。右掌自下向后划半圆弧屈肘收于胸前，两掌成“抱球”状，眼平视前方。（图 40）

3. 弓步掤臂

上体微左转，左脚向前上一步，前腿弓、后腿绷成左弓步；同时左前臂向前上方掤出，高与肩平，掌心向内。右掌顺势下按于右胯旁，眼看左掌。（图 41）

4. 顺臂后捋

上体再微左转。右前臂外旋，掌心向上，经腹前向前上方伸至与左臂平行，但稍下。前臂前伸并翻掌向下。两掌同时向右后方划弧平捋。同时上体随势右转。随后双掌继续后捋，右掌至体右侧上方，高与肩平。左臂屈肘端平于右胸前，左掌心向内。上体随势后坐，重心稍偏于右脚，眼看右掌。（图 42、图 43）

5. 弓步前挤

上体左转，重心前移成左弓步；同时，右前臂屈肘并将右掌贴近左

图 41

图 42

图 43

腕，使两掌心斜相对。随后，双掌同时向前推挤，高齐肩，两臂撑圆，眼看左掌。（图 44）

6. 分掌后坐

右掌经左腕上方穿出后，两掌心转向下并向左右分开延体侧划弧；上体随势后移，重心移向右腿，左脚尖上翘；两臂同时屈肘，两掌收至胸前，掌心向前下方，双眼平视前方。（图 45）

图 44

图 45

图 46

7. 弓步推按

重心前移，左腿成左弓步；两掌下落至腹前再向前上方推按，腕高齐肩。上体保持正直，重心前移与推按动作要协调一致，沉肩坠肘，腰胯放松，眼平视前方。（图 46）

（九）斜身靠式

1. 转体开臂

上体右转重心移至右腿，左脚尖内扣，右掌向右划平弧至体右侧，使两臂平举于身体两侧，掌心斜向外，眼看右掌。（图 47）

图 47

图 48

2. 收脚叉掌

重心转移至左脚，右脚向内收于左脚内侧，前脚掌着地；同时右掌向下、向内划弧，左掌向右、向内划平弧，使两掌交叉于胸前，腕部相叠（右掌在外），掌心向面部，掌指略高于肩，眼看前方。（图 48）

图 49

图 50

3. 转体靠拳

上体右转，右脚向右前方上步，脚跟着地。两掌变拳，前臂微内旋；随后右脚尖内扣，重心前移至右脚成弓步，同时两拳分别向右上和左下方撑开。右拳靠于右额前，拳心斜向外；左拳撑于左胯侧，拳心斜向后，眼看左前方。（图 49、图 50）

（十）肘底捶式

1. 转体变掌

重心后移，右脚尖内扣，上体左转；双拳变掌。右掌掌心向上并向内划一个小圆弧，停于面前。左掌向左向内划一小弧停于左胯侧，眼看右掌。（图 51）

2. 收脚抱球

重心移至右脚，左脚收于右脚内侧，右前臂

图 51

内旋屈收于右胸前，掌心向下，左前臂外旋向腹前划弧，掌心翻向上，两掌成抱球状，眼看右掌。（图 52）

图 52

图 53

3. **转体摆掌**

上体左转，左脚向左前方上步，脚跟着地，脚尖外撇，重心后坐；左臂由体前向左上方翻转划弧，掌心向内，高齐鼻。右掌经体前下落在右胯侧，眼看左掌。（图 53）

4. **跟步探掌**

上体再左转，重心前移至左脚，右脚跟步至左脚内侧，前脚掌着地；左前臂内旋向下偏左划弧至体左侧，掌心向下。右掌向前划弧探出，掌心斜向上，高齐鼻，眼视前方。（图 54）

5. **后坐置捶**

右脚跟着地，重心后坐，左脚稍微向前进一步，后脚跟着地成虚步；左掌向前经右腕上穿出成侧立掌，指尖齐眉，掌心向右。同时，右掌变拳，右臂回收将拳置于左肘内侧下方，拳心向左，眼看左掌。（图 55）

图 54

图 55

（十一）倒卷肱式（四式）

1. 展臂转掌

上体微右转，右拳变掌经体右侧向后划弧平举，肘微屈，掌心向上。左前臂外旋，掌心向上，由立掌变平掌。两臂在体侧平展，左脚轻提，眼随右臂后展先向右看，后转看左掌。（图 56）

图 56

2. 退步右卷肱

左脚提起，脚尖朝下向后退一步，左右脚保持横向距离约一拳。前脚掌着地，重心随退步后移至左脚（全脚着地）。右脚跟稍外展，脚尖朝前成右虚步；同时右臂屈肘，右掌经右耳侧向前推出，高与肩平。左臂屈肘向后向下退至左胯侧，掌心侧向上，眼看右掌。注意上体保持正直，腰胯放松。（图 57）

图 57

图 58

图 59

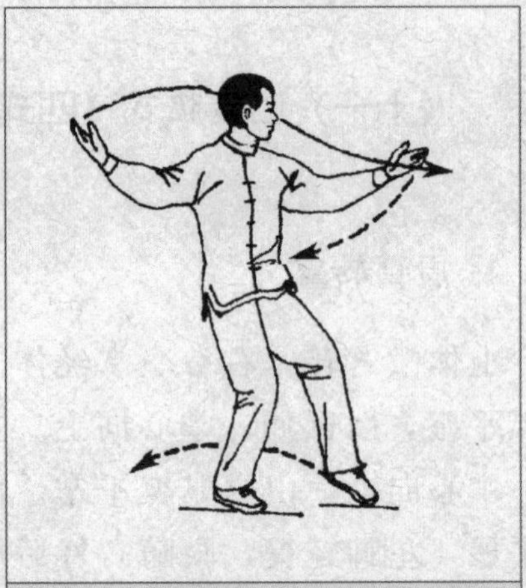

图 60

3. 展臂转掌

上体左转，左掌向左后上方划弧平举于体侧，掌心向上，高与耳平。同时右前臂外旋，掌心转向上，两臂在体侧平展。眼跟随体转先向左看，后转看右掌。(图 58)

4. 退步左卷肱

动作同（十）2，唯手脚和动作左右相反。(图 59)

图 61

图 62

图 63

5. 重复左右倒卷肱

动作同前。（图 60～图 63）

（十二）转身推掌式（四式）

1. 退步转身

图 64

左脚向后撤步至右脚内侧后面，前脚掌着地；右掌向内向上，左掌向内向下划弧。右掌掌心向上，掌指齐眉；左掌收至右胸前，掌心向下，眼看右掌；随后，以左脚掌、右脚跟为轴向左后方转体约 90°，重心仍在右脚；同时右掌屈肘回收，左手略向下按，眼看左前方。（图 64、图 65）

2. 跟步推掌

左脚向前迈步，右脚随即跟进落于左脚内侧稍后，前脚掌着地；同

图 65

图 66

时，右掌经耳侧向前推出，掌心向前，指尖齐鼻。左掌下落经左膝前搂过，按于左胯旁，掌指向前，眼看右掌。（图 66）

3. 转身举掌

以左脚跟、右脚掌为轴向左后方转体约 180°，重心仍在左脚；同时左臂外旋并向左上方划弧上举，掌心向上，高与头平，右掌内收于左胸前，眼看右前方。（图 67）

图 67

图 68

4. 跟步推掌

动作同（十一）2，唯手脚和动作左右相反。（图 68）

5. 重复推掌

先按（十一）1 后半部分所述和（十一）2 做向左转身推掌一次，再按（十一）3 做向左转身推掌一次。（图 69～图 72）

图 69

图 70

图 71

图 72

（十三）右琵琶式

1. 撤步换掌

左脚向左后方撤半步，重心移左脚，上体左转；左臂向后屈肘收于左胸前，掌心向下。右掌向前上方划弧前伸，高与鼻平，掌心斜向左下方，眼平视前方。（图 72、图 73）

图 73

图 74

2. 虚步侧掌

上体右转，同时微提右脚跟，向内稍移后脚跟着地，重心落至左脚成右虚步。右前臂外旋，掌心向左成侧立掌，肘部向后微收屈，指尖与眉心相对；左掌向前，前臂外旋停于右臂内侧，掌心向右，两臂成抱琵琶状，眼看右掌。（图 74）

（十四）搂膝栽捶式

1. 收脚捋掌

上体左转，重心后移，右脚收于左脚内侧稍靠前，脚尖着地；两掌

向下捋至腹前，掌心斜相对，眼平视前方。（图 75）

图 75

2. 上步划弧

右脚向前上半步，上体左转，翻转双掌向内提收于胸前，右掌心向内。左掌心向外，停于右腕内侧，眼看双掌；随后，双掌同时向左前方划平弧，右掌心向上，高齐肩，左掌指附于右腕内侧；上体随势右转，重心前移至右脚，左脚提起，跟半步到右脚内侧稍后，前脚掌着地，眼看右掌。（图 76、图 77）

3. 弓步栽捶

上体左转，重心移至左脚，右脚跟离地成虚步；右掌经面前向左方划弧，停于左胸前，掌心向下。左掌同时向下经体侧向左后上方划弧，掌心斜向上，高与头平，眼看左掌。随后，上体右转，右脚提起向前上步，重心前移成右弓步；同时，左掌变拳经耳侧向前下方栽打于腹前，拳眼向右，拳心斜向后，上体略前倾。右掌向右后方从膝上方搂过，按于右胯

图 76

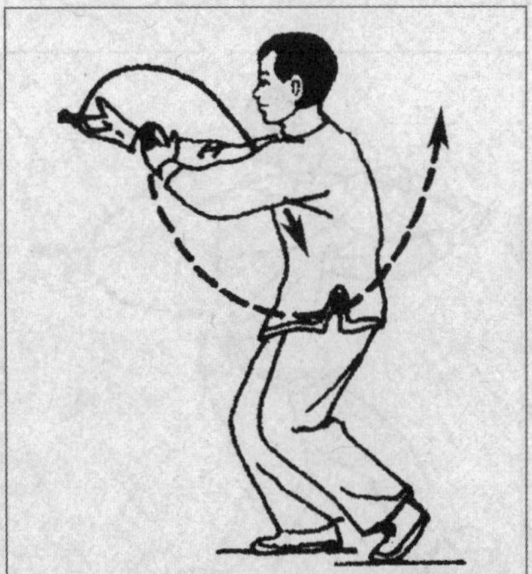

图 77

侧，掌心向下，眼看前下方。（图 78、图 79）

图 78

图 79

（十五）白蛇吐信式（二式）

1. 直体挑臂

上体后坐，重心后移至左脚，右脚尖上翘；双臂随上体后移上挑，左拳上提与肩平，右掌上托与左拳相对，眼看右掌。（图 80）

图 80

图 81

2. 歇步推掌

右脚尖内扣，随即重心向前移至右脚，上体向左后方转身，左脚随势原地提起向左转动，右脚随之转动，随后双膝弯曲，两腿前后交叉相叠，右膝靠近左膝后窝成歇步；右脚前脚掌着地；同时，随着转体，左拳变掌向左划平弧收落于左腰侧。右掌经耳侧划弧向前推出，掌心向前，高平肩，眼看右掌。（图 81）

3. 直立转体

两腿直立，重心前移至左脚，提起右脚，上体左转，左掌向后上方划弧于左耳外侧，掌心斜向前。右臂外旋使掌心向上，眼看左掌。（图 82）

4. 上步推掌

右脚向前迈步，脚尖外撇，上体右转，左脚跟随势向外辗转，双膝弯曲，两腿交叉下蹲成歇步；左掌经耳侧向前推出，掌心向前，高平肩。右掌翻转向下后收于右腰侧，眼看左掌。（图 83）

图 82

图 83

（十六）拍脚伏虎式（二式）

1. 上步立掌

双腿直立，重心移至右脚，左脚向前上步；左掌向左后方划弧上举，右掌从体侧向上划弧至耳侧成立掌，掌心向前，眼平视前方。（图 84）

图 84

2. 独立拍脚

重心移至左脚，左膝微屈，站稳。右脚向前上方踢出，脚面展平；右掌向前击拍右脚面。左掌继续上举于体左侧，掌心向外，高平肩，眼看右掌。（图 85）

3. 落脚摆掌

右脚向左前方斜落于左脚前，重心移向右脚，左脚随即提起。同时，左掌向内向前划弧停于右肘侧，掌心向右；两掌同时再向左平摆划弧，掌心斜相对，眼看右掌。（图 86）

图 85

图 86

4. 弓步握拳

左脚向左侧方迈步，重心左移成左弓步；两掌随身体左转经腹前向下、向左划弧并变拳。左臂至体左前上方后屈肘内收，停于左额前，拳眼斜向内。右臂屈肘使右拳停于左胸前，拳心斜向下，眼看右前方。（图87、图88）

图 87

图 88

5. 穿掌划弧

重心右移，左脚尖内扣，上体右转。同时双拳变掌，左掌收于胸前，掌心斜向内，右掌收于左腕内侧，掌心斜向外；随后，右掌从左腕上方向前穿出，向前、向右划半圆弧停于右胯侧。左掌掌心翻向下、再向左后上方划半圆停于头左侧，掌心向前。两手划弧时上体继续右转，重心移至左脚，提起右脚，经左脚内侧再向前挪半步，重心前移成右弓步，眼平视前方。（图 89～图 91）

图 89

6. 独立拍脚

动作同（十五）2，唯手脚和动作左右相反。

图 90

图 91

图 92

图 93

图 94

图 95

（图 92）

7. 落脚摆掌

动作同（十五）3，唯手脚和动作左右相反。（图 93）

8. 弓步握拳

动作同（十五）4，唯手脚和动作左右相反。（图 94、图 95）

说明：“拍脚伏虎”动作难度较大，应注意：①上步动作应与两臂动作协调一致。②拍脚高度应量力而行，循序渐进，逐步提高。③落脚时先收落小腿，然后再全脚轻缓落地。落点要靠近支撑脚，不要落得太远。

（十七）左撇身捶式

1. 扣脚收臂

重心后移，上体向左转，右脚尖上翘内扣；同时，两拳变掌。右掌心翻向内上，收于右胸前，指尖齐鼻。左掌稍向上，收于右前臂内侧，眼视前方。（图 96）

图 96

2. 转体握拳

上体右转，重心移右脚，右腿半屈膝；左臂伸肘向前划弧伸出，掌心斜向前上方。右掌向下、向后、再向上划弧。随后，左脚收至右脚内侧。左掌下落握拳收至下腹前，拳心向内。右掌继续划弧，翻掌附于左前臂内侧，眼看左前方。（图 97、图 98）

图 97

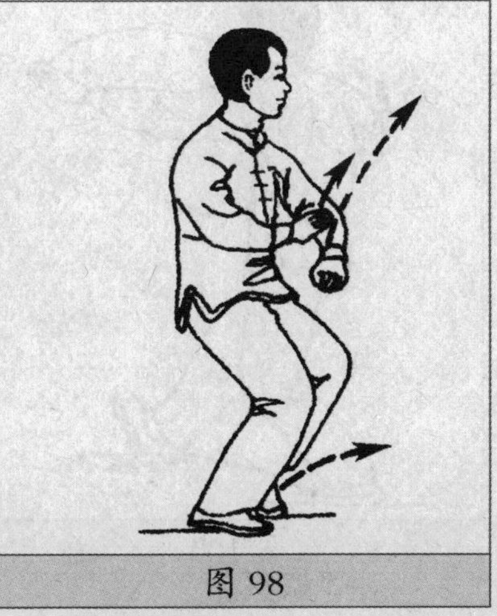

图 98

3. 弓步撇捶

图 99

上体微左转，左脚向左前方迈步，重心前移成左弓步；左拳向上经面前向左前方撇打，拳心斜向上，高齐眉。右掌仍附于左前臂内侧，眼看左拳。（图 99）

（十八）穿拳下势式

1. 转体举臂

重心后移至右脚，左脚尖上翘外展，上体左转；右掌向右、向下、向体侧划弧。左拳变掌向左、向上、向体侧划弧。两掌心斜向前下方，眼看左前方。（图 100）

2. 上步变拳

重心前移至左脚，逐渐将右脚收于左脚内侧，也可脚尖点地；两掌由体侧转向体前划弧。右掌经面前变拳，立肘于胸前，拳心向内，拳顶稍高

图 100

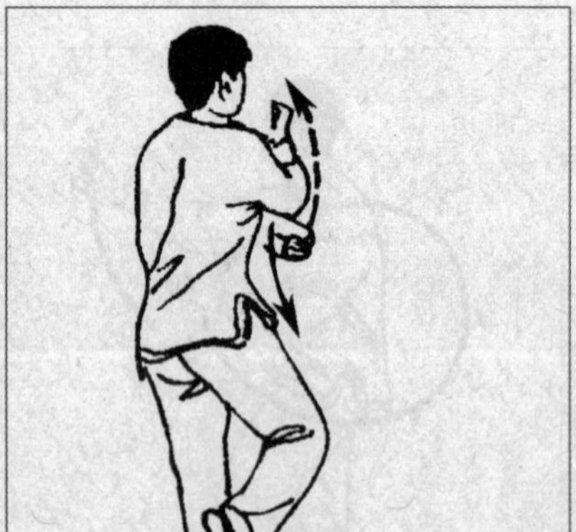

图 101

于肩；左掌经腹前变拳停于右肘之下，拳心向内，眼平视前方。（图 101）

3. 什步穿拳

左腿屈膝全蹲，右脚随势向右侧前伸，成右什步；同时右肘下落，左拳从右肘外侧向上穿并向左后方伸展。右拳经腹前沿右腿内侧向右下方穿出，至右小腿上方。两拳眼皆转向上。上体顺势右转并略向前倾，眼看右拳。（图 102、图 103）

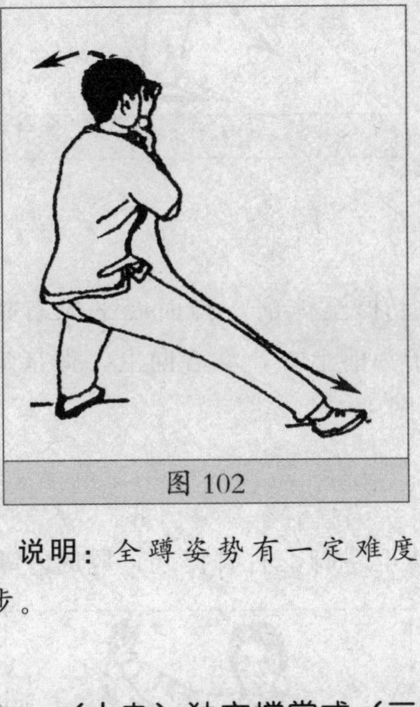
图 102

图 103

说明：全蹲姿势有一定难度。初学者或老年人可以左腿半蹲成半什步。

（十九）独立撑掌式（二式）

1. 弓步变掌

左腿直伸，重心前移，上体微左转，两脚尖随势内扣、外展，成为右弓步。右拳上挑，左拳稍下落。随后，右脚落实，左脚提起，重心前移至右脚；同时右拳变掌，掌心斜向前。左拳变掌经腹前划弧再转向上穿，掌心斜向内上，眼平视前方。（图 104、图 105）

图 104

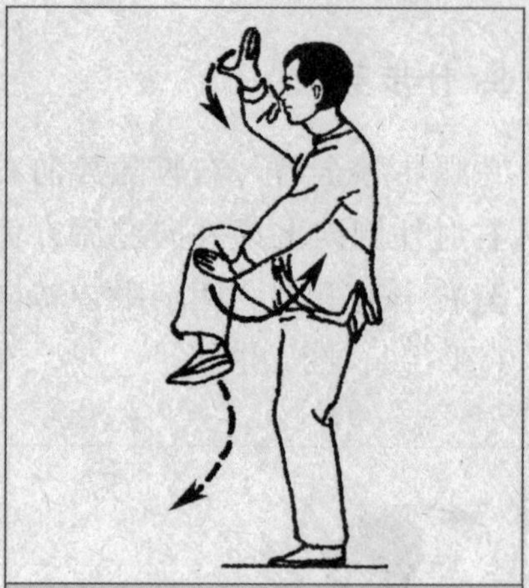

图 105

2. 独立撑掌

右腿直立，膝微屈站稳。左膝弯曲上提至体前，脚面展平成右独立步；同时左掌继续上穿（前臂外旋）撑于头前上方，掌心向上，拇指尖向右。右掌下按于右胯前，眼平视前方。（图 106）

3. 落步换掌

左脚向前稍偏左落下，重心随即前移至左脚，右脚提起；同时左掌下

图 106

图 107

图 108

图 109

落，右掌经腹前向上穿，掌心斜向上，眼平视前方。（图 107）

4. **独立撑掌**

动作同（十八）2，唯手脚和动作左右相反。（图 108、图 109）

（二十）右单鞭势式

1. **撤步后捋**

右脚下落并向后撤一步，左腿屈膝成左弓步；同时右掌向腹前划弧下落，掌心翻向上，右掌向前、向上伸展，掌心向下，两臂上下平行。随后两臂同时向后下捋，收至腹前。上体随势右转，重心后移。眼先看左掌，转体后平视前方。（图 110、图 111）

图 110

2. **收臂划圆**

两腿不动，双掌同时向内向上划

图 111

图 112

图 113

图 114

弧，左掌收于右胸前，掌心向内，高平肩。右掌收于左腕内侧，掌心向前；随后两掌向前平推，重心随之前移成左弓步，上体随之左转。左掌向左向后划平圆，右掌附于左腕内侧随左掌动。重心向后移至右腿，左脚尖上翘；左掌继续向右向前划平圆，掌心向上，右掌随左掌动，眼始终看左掌。（图 112～图 114）

3. 钩手划弧

左脚尖内扣，重心移至左腿，将右脚收至左脚内侧，上体右转；左臂外伸内旋，左掌变钩手，钩尖向下。右臂外旋，掌心转向内，收于左肘侧，眼看左手。随后，右脚向右前方迈步，重心前移成右弓步；同时，右掌随上体右转，翻掌向右前方划弧前推，掌心向前，掌指齐鼻。左手保持钩手不变。两臂肘微屈，对称成圆弧形，眼看右掌。（图 115、图 116）

图 115

图 116

（二十一）右云手式（三式）

1. 转体划弧

上体左转，重心后移至左脚，右脚尖内扣；右掌向下、向左划半个立圆至左胸前，掌心向外，眼看左钩手。（图 117）

图 117

2. 裆步云手

右掌经面前向右再划半个立圆，掌心向内。同时左钩手变掌向下，向左划立圆，掌心转向内。随手臂做云手动作，上体逐渐右转，重心右移，由左横裆步变为右横

裆步，双脚尖朝前。头、眼随上掌运转。（图 118、图 119）

图 118

图 119

3. 收脚转掌

右掌划到体右侧时，前臂内旋掌心转向外。左掌运至右肩前，掌心转向内；同时左脚向右脚收拢至与肩同宽成开立步，脚尖均向前，双膝微屈，眼看右掌。（图 120）

4. 开步云手

双脚保持开立步。左掌经面前向左、右掌经腹前向左，同时划弧。上

图 120

图 121

体随势左转，重心渐移至左脚。头、眼随左手运转。（图 121）

5. **横步转掌**

上体继续左转，提起右脚向右侧横开一步，脚尖向前；左掌运至体左侧时掌心翻向外，右掌运至左肩前，掌心转向内，眼看左掌。（图 122）

图 122

图 123

6. **裆步云手**

上体右转，重心渐右移，由左横裆步变为右横裆步，双掌分别从上、下方向右划弧。头、眼随上手运转。（图 123）

7. **收脚转掌**

动作同（二十）3。（图 124）

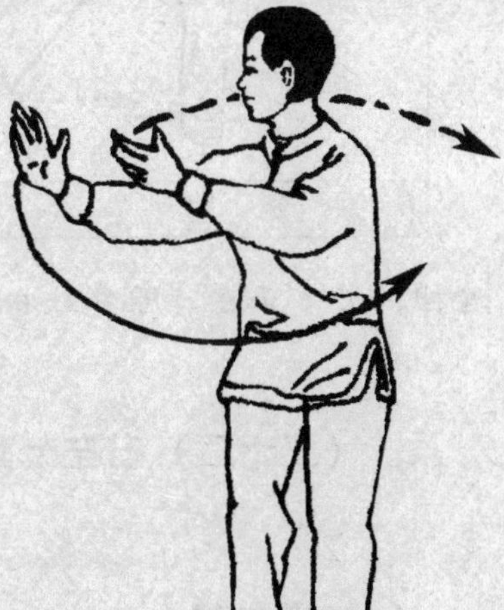

图 124

8. **重复右云手**

重复上述云手动作一次。（图 125～图 128）

说明：手脚动作要平稳、协调；做云手时，翻掌要自然，上手高不过眉，下手低不

图 125

图 126

图 127

图 128

过裆；上体正直，腰部放松。

（二十二）右左分鬃式

1. 转掌抱球

上体左转，重心移至左脚，右脚轻提；两手向左转至体前时，两掌翻

转掌心上下相对，成抱球状，眼看左手。（图 129）

图 129

图 130

2. 弓步分掌

上体右转，右脚向右前方迈出一大步，成右弓步；两掌随体转上下分开。右掌指尖齐鼻，掌心斜向内上方。左掌下按于左胯侧，掌心向下，眼看右掌。（图 130）

3. 后坐抱球

上体后坐微右转，右脚尖外展；右臂内旋屈肘内收，掌心向下。左臂内旋上收，掌心向上，两手成抱球状。同时，左脚收至右脚内侧，眼平视前方。（图 131、图 132）

4. 弓步分掌

动作同（二十一）2，唯手脚、动作左右相反。（图 133）

图 131

图 132

图 133

（二十三）高探马式

1. 跟步平臂

重心前移，提起右脚跟向前进半步，脚前掌着地。右掌向体右上侧平举，高平肩，掌心向上，与左掌遥遥相对，眼平视前方。（图 134）

图 134

图 135

2. 虚步探马

重心后移，右脚屈膝踏实，上体左转。左脚向前垫步，前脚掌着地成虚步；右前臂卷收，右掌经耳侧向前推至体前，掌指齐鼻，掌心向前。左掌下落收至右胯前，掌心向上，眼看右掌。（图 135）

（二十四）右蹬脚式

1. 上步穿掌

上体右转，提起左脚。右臂屈肘内卷划弧至左胸前，左掌向前上方伸出，翻掌斜向下。右掌掌心向左附于左臂内侧；随后，右膝半屈承重，左脚向左前方上半步，脚跟着地。同时，左掌转向上，肘微屈后收，右掌自左臂上方穿出，上体随之左转，目视右掌。（图 136、图 137）

图 136

图 137

2. 弓步平臂

重心前移左脚成左弓步，上体微右转。右掌穿出后掌心转向下，左掌向下、向左后方划弧，掌心向上，使两臂平举于体侧。（图 138）

图 138

图 139

图 140

3. 收脚叉臂

右脚向前提于左脚内侧，脚尖可轻点地。右掌向下，左掌向上，同时向体前划弧至胸前，合抱成斜十字，掌心均向内，右掌在外，眼看右掌。（图 139）

4. 分臂蹬脚

右膝上提后，右脚向右前方缓缓蹬出，脚尖上钩；同时两掌分别向右前、左后方分撑，掌心均向外，腕平肩，双肘微屈成弧形。右臂与右腿上下平行，眼看右掌。（图 140）

（二十五）双峰贯耳式

1. 落脚收臂

右小腿下落，脚尖下垂。右膝平屈于体前，上体微右转；左前臂渐内旋，掌心转向上，左臂向右前方划弧，同时，右掌心翻转向上，使左右掌并排于右膝上方，眼平视前方。（图 141）

图 141

图 142

图 143

2. 弓步贯拳

右脚向右前方落步，脚跟着地，重心前移成右弓步；同时两肘后收，双掌下落经两胯旁渐变成拳，分别由体侧向前上方贯出，高耳齐平，两拳相距约两拳远，拳眼斜向内下方，双臂撑圆，眼平视前方。（图 142、图 143）

（二十六）左蹬脚式

1. 划圆抢掌

重心后移，右脚尖外展。两拳同时变掌向上、向外经体侧向下划圆弧，掌心向外；同时，重心前移至右脚，将左脚收于右脚内侧，可脚尖点地。两掌继续由体侧向内、向上划圆，交叉于胸前，左掌在外。两掌心向内。上体顺势左转，眼看左前方。（图 144、图 145）

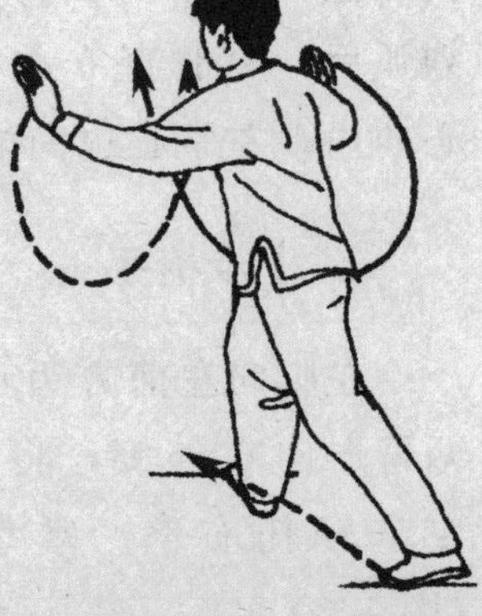
图 144

图 145

图 146

2. 分臂蹬脚

动作同（二十三）4，唯手脚和动作左右相反。(图 146)

(二十七）掩手撩拳式

1. 落脚收臂

左小腿下落后，左脚下落至右脚内侧，脚尖点地，上体稍右转；两掌从体侧向上、向内划弧后，两肘直立并举于面前，右掌变拳，拳心向内，左掌心也向内，眼平视前方。(图 147)

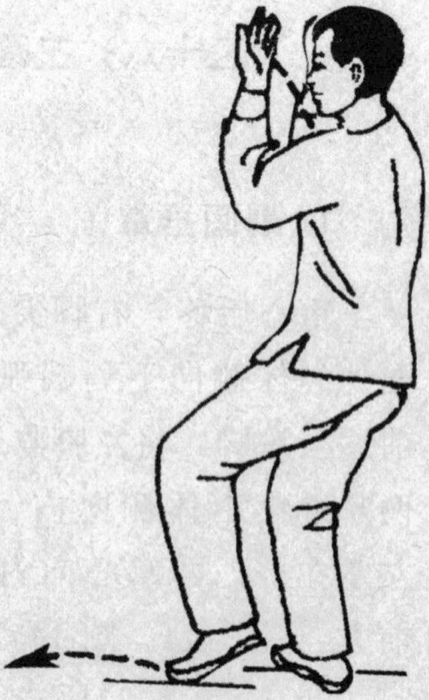

图 147

2. 上步掩手

左脚向左前方迈步，脚跟着地，上体右转；两臂肘向右外旋，将左掌右拳掩落于右腰前，左掌轻托右拳。掌拳心向上，眼看右下方。(图 148)

图 148

图 149

3. 弓步撩拳

上体左转，重心前移成左弓步，左掌随体转变拳收于左腰侧，拳心向上。右拳顺势向前方撩打，拳高与腹平，拳心向下，眼看右拳。（图 149）

说明：直臂撩拳也可快速发力撩打。动作时弓步的斜向和顺肩应比慢打要稍大一些。同时注意腰腿发力，全身协调。

（二十八）海底针式

1. 跟步提掌

重心继续前移，提起右脚跟进半步，在左脚侧先脚后跟着地。上体右转，重心移至右腿，轻提左脚稍离地。左拳翻转变掌向左、向前划平弧伸至体前。右拳变侧掌下落，经体侧向后上方划弧提至右耳旁，眼平视前方。（图 150、图 151）

图 150

图 151

图 152

2. 虚步插针

左脚向前落半步，前脚掌着地成左虚步，上体左转。右手从耳侧向前下方插掌，掌在双膝前稍上，掌心向左，指尖向下。右肩前倾，便上体稍前倾。同时左掌向左后方划弧按于左胯侧，掌指朝前，掌心向下，眼看前下方。（图 152）

（二十九）闪通臂式

1. 提脚挑掌

上体微右转，重心后移至右脚，提起左脚，脚尖下垂。右掌上挑于体前，腕与肩平，掌心向左。左掌向前向上，翘腕侧掌于右腕内侧稍下，眼看右掌。（图 153）

2. 弓步推掌

左脚向前落半步，重心前移成左弓步。右前臂内翻，并向右后上方划弧停于右额侧，掌心斜向前上方。左掌顺势向左前方推出，高齐鼻，掌心

图 153

图 154

朝前，眼看左掌。（图 154）

（三十）右左分脚式

1. 转体举臂

上体右转，左脚尖内扣，重心移至右脚，右膝半屈；两掌向体侧划弧，两臂平举，掌心向外，眼看右前方。（图 155）

2. 抱掌踢脚

重心移至左脚，将右脚收于左脚内侧，脚尖可点地。两手向下、向体前划弧，使双掌交叉于胸前，掌心均向内，左掌在内，右掌在外。随后，右膝上提，右脚向右前方缓慢蹬踢，腿蹬直，脚面伸平；两掌同时向右前

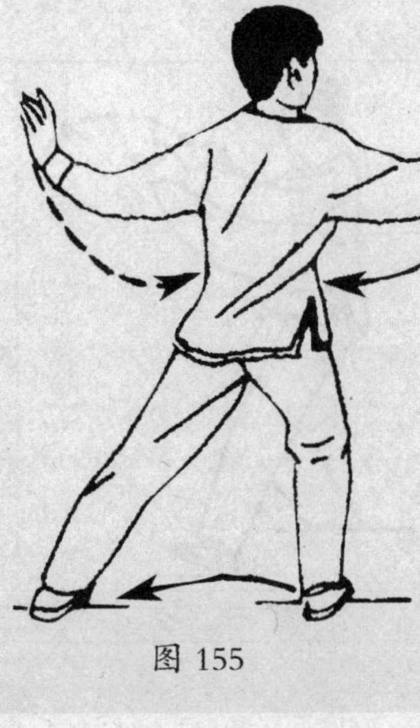
图 155

和左后方划弧分撑，掌心向外，腕与肩平。右臂、腿上下平行，眼看右掌。（图 156、图 157）

图 156

图 157

3. 落脚穿掌

右小腿下落后，右脚向右前方落下，脚跟着地，上体右转；右掌心翻向上，右臂稍屈肘内收。左掌向下、向内划弧屈肘，使左掌停于右前臂内侧，掌心斜向右前方，眼看双掌。（图 158）

图 158

图 159

图 160

图 161

4. 转体举臂

左掌从右前臂上方穿出后，重心前移至右脚。右掌向下、向右后划弧，掌心向上；左掌向前偏左划弧，掌心斜向前，两臂平举于体侧，肘微屈，眼看左掌。（图 159）

5. 抱掌踢脚

动作同（二十九）2，唯手脚和动作左右相反。（图 160、图 161）

（三十一）搂膝拗步式（二式）

1. 落脚转体

左小腿屈收后，左脚落于右脚内侧，脚尖可点地，上体右转；右臂屈肘，右掌心翻向内；左掌翻掌向右、向下划弧落于右胸前，掌心向下，眼看右掌。（图 162）

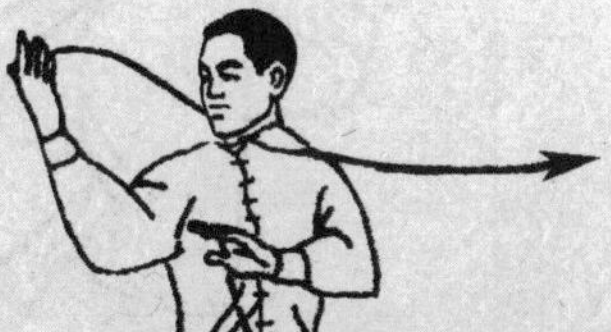
图 162

2. 搂膝推掌

上体左转，左脚向前偏左方向迈步，重心前

移成左弓步；左掌下落经左膝前上方搂过，停于左胯侧，掌指向前。右掌经耳侧向前推出，掌心向前，高与鼻平齐，眼看右掌。（图 163）

3. 转体举掌

重心后移，左脚尖外展，上体继续左转，重心再前移至左脚；两前臂外旋，右掌心向左并划弧至右胸前。左掌心向上，并向左上方伸展至耳侧。同时，提起右脚收于左脚内侧，眼看左掌。（图 164、图 165）

图 163

图 164

图 165

图 166

4. 搂膝推掌

动作同（三十）2，唯手脚和动作左右相反。（图 166）

（三十二）上步擒打式

1. 弓步穿掌

重心后移，右脚尖上翘外展。左掌翻转，掌心向上，左肘微屈后收。右臂向内上划弧，使右掌附于左前臂内侧；随后，重心前移成右弓步。右掌从左前臂上方向前穿出，掌心斜向前，左臂屈肘内收至腹前，眼看右掌。（图 167～图 169）

2. 上步擒打

左脚向前上一步。右掌向体侧划弧握拳收于右腰侧。左掌向后、向左再向前划弧变拳举于体前，拳心向下，高与肩平；随后，重心再前移至左脚成左弓步。右拳向前，向上冲打，拳眼向上，拳心向内，腕与肩平。左拳收于右腕下，拳心向下，眼看右拳。（图 170）

图 167

图 168

图 169

图 170

（三十三）如封似闭式

1. 跟步变掌

右脚跟进半步，脚前掌着地，落于左脚内侧后方；两拳变掌，掌心斜向面部，眼平视前方。（图 171）

图 171

2. 弓步推按

重心后移，提起左脚上前半步，并随两臂的前推动作，重心逐渐前移成左弓步；两掌向左右分开，同时双肘微外展，前臂内旋，掌心翻转向下，使两掌落至腹前（略与肩同宽），掌心斜向前，再平行向前、向上推按，直按至腕高与肩平，眼平视前方。（图 172～图 174）

图 172

图 173

图 174

（三十四）左云手式（三式）

1. 转体划弧

上体右转，重心移右脚，左脚尖内扣。右掌向上、向右顺时针方向划弧，左掌向下、向右逆时针方向划弧，眼看右手。（图 175）

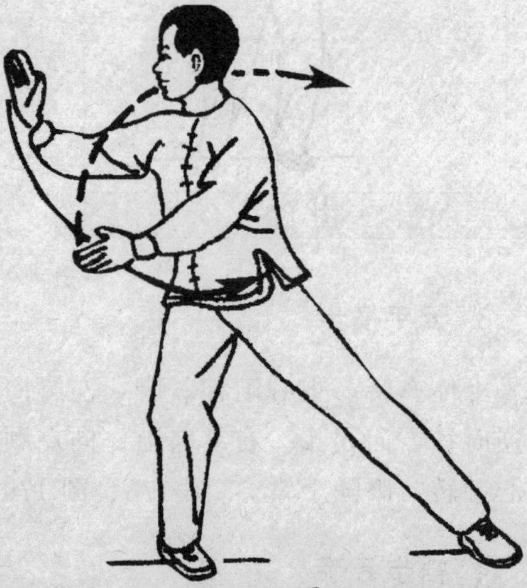

图 175

2. 收脚转掌

两手继续划弧。上体随手臂运动向左转，重心移左腿，同时右脚收于左脚内侧，两脚间距约 2 拳，脚尖向前成开立步。左掌运行至体左侧上方时翻掌向外，右掌运行至左胸前翻掌向内，眼随上掌转动。（图 176、图 177）

图 176

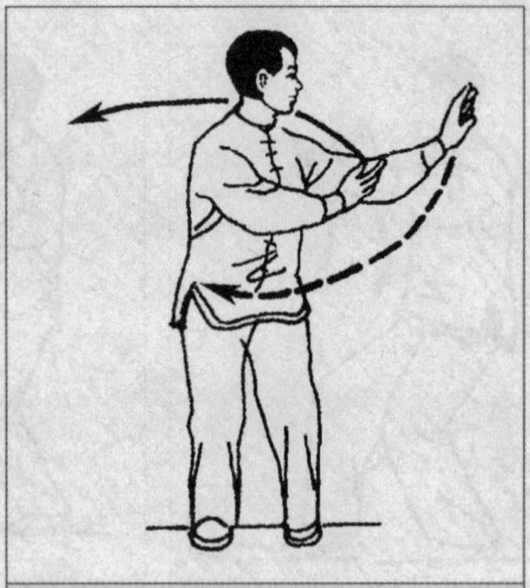

图 177

图 178

图 179

3. 云手横步

上体右转，重心渐移右脚，左脚向左横开一步；同时，左掌向下、向右逆时针方向划弧。右掌向上、向左顺时针方向划弧。两掌运至体右侧时掌心翻转，眼随上掌。（图 178、图 179）

4. 裆步云手

两手继续划弧，上体左转，重心左移，由右横裆步变为左横裆步，眼

图 180

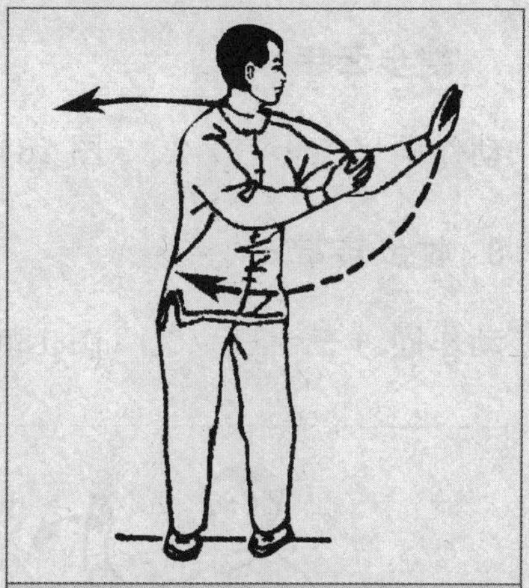
图 181

图 182

图 183

随上掌。（图 180）

5. 收步转掌

右脚向左脚内侧收拢成开立步，左掌运至体左侧时翻掌向外，右掌运行中逐渐翻掌向内，眼看左掌。（图 181）

6. 云手横步

动作同（三十三）3。（图 182、图 183）

7. 衔步云手

动作同（三十三）4。（图 184）

8. 收步转掌

动作同（三十三）5。（图 185）

图 184

图 185

（三十五）右撇身捶式

1. 弓步推掌

右脚尖内扣，重心移至右脚，左脚向身后撤步成右弓步；左前臂外转，掌心向上并向右，向内划弧收于腹前，同时，右前臂内转，掌心向下，经左前臂上方向前推出，腕与肩平，掌心向前，眼看右掌。（图 186）

图 186

2. 收脚握拳

重心后移，收右脚至左脚内侧成丁字步，脚

图 187

图 188

尖点地，上体左转；左掌向左下方划弧再翻转向内划一立圆。右掌向下变拳收于小腹前，拳心向右，拳眼向内。此时，将划弧下落的左掌附于右前臂内侧，眼平视前方。（图 187）

3. 弓步撇捶

右脚向前上半步，重心前移成右弓步；右拳经左胸前向上、向右翻转撇出，拳心斜向上，高与鼻平。左掌始终附于右前臂内侧，眼看右拳。（图 188）

（三十六）左右穿梭式

1. 后坐穿掌

上体后坐，右脚尖内扣，上体微左转；左掌自右前臂上穿出。右拳变掌，掌心斜向上，眼看右掌。（图 189）

2. 弓步抹掌

上体再稍左转，重心前移至右脚；左掌伸向左前方向与肩平，掌心向

图 189

图 190

前。右掌稍后收于左肘内侧，掌心向左，眼看左掌。（图 190）

3. 上步捋推

上体右转，重心前移右脚。双掌平行向后捋，右掌移至右胯侧，掌心向上；左掌至腹前，掌心斜向内下方。左脚收至右脚内侧，眼看右前方。随后，左脚向左前方迈步，重心前移成左弓步，上体左转；同时，两掌划弧上提至胸前，右掌指附于左腕内侧，双掌一同随势先稍向右，再向左前方推出。左掌心斜向上，腕与肩平，眼看左掌。（图 191、图 192）

图 191

图 192

4. 跟步转掌

右脚提起向前跟进半步，前脚掌着地；同时，左臂屈肘翻腕，左掌向左、向后划平圆，掌心向上。右掌仍附于左腕内侧，眼看左掌。（图 193）

图 193

5. 弓步推掌

重心后移至右腿，左脚提起，上体右转。左前臂内旋翻掌向前，并向左上方划弧停于左额上方，掌心向前，右掌自左前臂内侧收落于胸前，再向前上方推出，高齐鼻；同时，左脚向左前方迈步成左弓步，上体随推掌左转，眼看右掌。（图 194、图 195）

图 194

图 195

6. 后坐穿掌

上体后移，右膝半屈后坐，左脚尖内扣，上体微右转；双臂在体前向内靠拢，左前臂内旋，掌心转向内。右臂稍屈肘回收，右掌从左前臂上方

穿出，眼看右掌。（图 196）

图 196

图 197

7. 弓步抹掌

动作同（三十五）2，唯手脚和动作左右相反。（图 197）

8. 上步捋推

动作同（三十五）3，唯手脚和动作左右相反。（图 198、图 199）

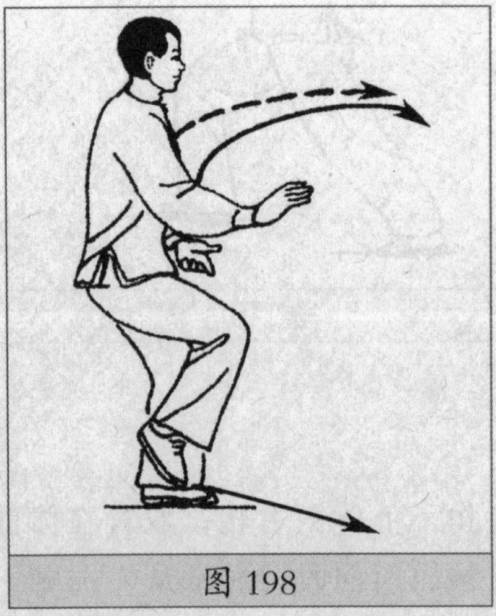
图 198

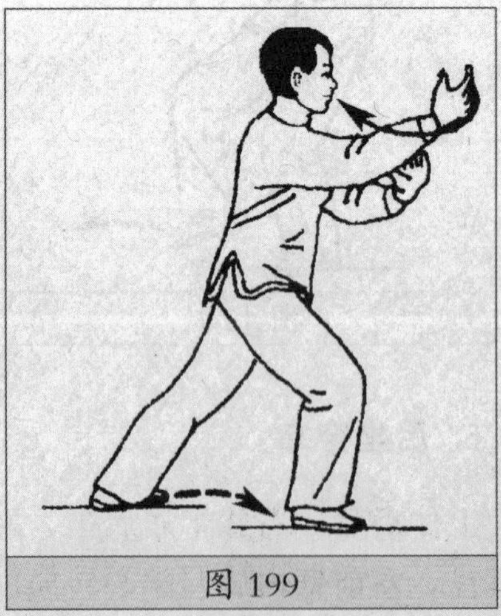
图 199

9. 跟步转掌

动作同（三十五）4，唯手脚和动作左右相反。（图 200）

图 200

10. 弓步推掌

动作同（三十五）5，唯手脚和动作左右相反。（图 201、图 202）

说明： 左右穿梭式重在手脚的相互配合与协调。特别要注意：①弓步抹掌时抹掌与弓腿协调一致；②上步捋推时，双掌下捋与收腿、双掌前推划弧与弓步协调一致；③弓步推掌时，弓步与推掌协调一致。

图 201

图 202

（三十七）退步穿掌式

1. 后坐侧掌

重心后移至左腿，右脚尖上翘，上体后坐并左转；右掌前伸于体前，

掌心转向左稍偏上。左掌向左后方划弧落于腰侧，掌心向下，眼看右掌。（图 203）

图 203

图 204

2. 退步穿掌

提起右脚向后退步，前弓后绷成左弓步。左前臂外旋，左掌心转向上，左掌经右前臂上方穿出，掌心向上，高齐鼻。右小臂划弧内收于左肘内侧，右掌心向左，眼看左掌。（图 204）

（三十八）虚步压掌式

1. 后坐扬掌

重心移至右脚，左脚尖内扣，右脚尖外展，上体向右后方转动；同时右掌下落后收至右腹前，掌心向下。左掌上扬举于左额上方，高与头平，掌心斜向右，眼看前方。（图 205）

2. 虚步压掌

重心后移至左脚，右脚轻提，脚尖外展朝前成虚步。上体微右转；同

图 205

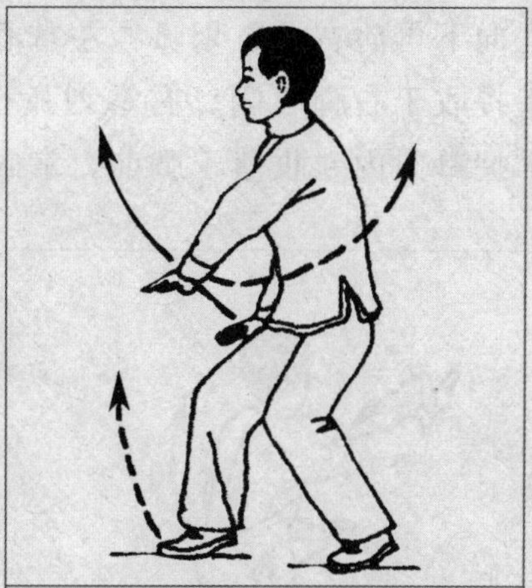
图 206

时，右掌随转体向右下按于右胯侧，掌指向前。左掌向下横压于右膝上方，掌指向右，掌心向下，上体微俯，眼看前下方。（图 206）

（三十九）独立托掌式

1. 独立托掌

左腿伸直，膝微屈站稳。右膝上提，脚尖自然下垂成独立步。同时上体微右转；右掌心翻转随提膝上托于左膝前上方，掌与肩平，掌心向上。左掌向左上方划弧停于体侧，掌与肩平，掌心向外，掌指斜向前上方，眼看右掌。（图 207）

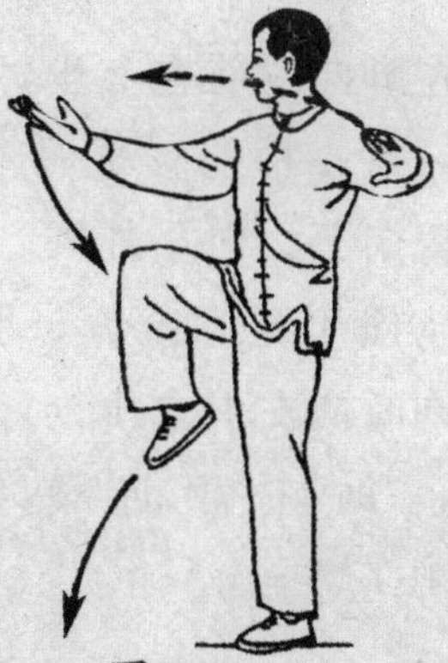
图 207

（四十）马步靠式

1. 转体提脚

右脚下落体前，脚尖稍外展，重心前移至右脚，上体右转；右掌心内旋先向下再向右上方划弧，左掌心转向上，并向右前方划弧。随后，将左脚上提收于右脚内侧。右掌划弧至体侧时屈肘翻掌，掌心向上举于耳侧。左掌握拳向内卷收落于胸前，拳眼向内，眼看右前方。（图 208、图 209）

图 208

图 209

2. 马步靠拳

左脚向左前方上步，先脚跟然后脚掌落地，重心稍前移成马步，上体微左转。左前臂向下、向左外展，拳心向外，拳眼向内，停于左膝上方，肘微屈，臂撑圆。右掌同时向左下方压推，掌指附于左前臂内面，助左臂前靠，眼看左前方。（图 210）

图 210

（四十一）转身大捋式

1. 举臂上步

上体上升，左脚尖外旋；左拳变掌向上屈肘收于左胸前，掌心向外。

右掌翻转向上向前上方托起，掌与肩平。同时，提起右脚上步，落于左脚内侧，两脚尖朝前，横距约一拳，眼看右前方。（图 211～图 213）

图 211

图 212

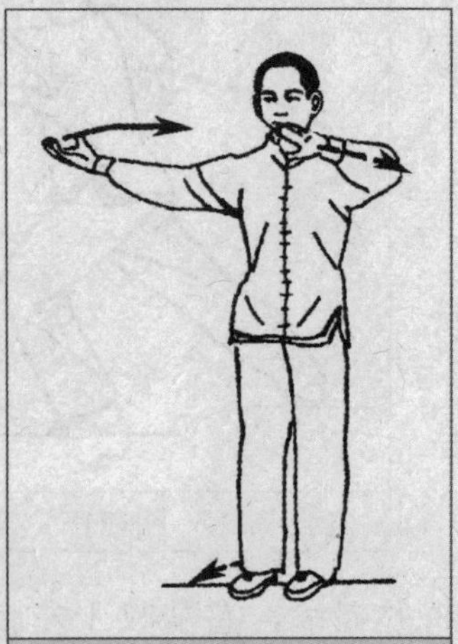
图 213

2. 转身撤步

以右脚尖、左脚跟为轴，上体左转，右腿屈膝承重，左脚向后撤步；双掌随体转平摆，右掌向上伸至面部右前方，掌心斜向左内方。左掌于左胸前与右掌遥相对，掌心斜向右外方，眼看右掌。（图 214）

图 214

3. 弓步后捋

上体继续左转，重心前移成右弓步；右掌向体前伸展，掌心向左，指尖齐眉。右掌稍向内停于左肘内侧；随后，两掌顺势向左后方平捋，眼看右掌。（图 215）

4. 裆步握拳

上体左转，右脚跟外展。重心渐移至左腿，成左横裆步。两拳继续平

图 215

图 216

捋并握拳，左掌收于左腰侧，拳心向上。右臂屈肘下落于右胸前，拳心斜向上，眼看右拳。（图 216）

（四十二）撩掌下势式

1. 裆步展肘

上体右转，重心移至右脚，成右横裆步；右臂屈肘向右展，右拳停于面部右前方，拳心向外。左拳自腰部向后打出，拳心向后；随后，上体左转，两脚尖顺势先外展再内扣，重心左移成左横裆步。左拳上翻变掌屈肘向左展，右拳变掌向后、向下划弧，掌心向左，眼看前方。（图 217、图 218）

2. 丁步撩掌

右脚跟进半步，脚前掌着地成丁步。右掌掌心转向前，从胯侧向前下方撩出，高与小腹平。左掌下落，掌指附于右前臂内侧，掌背向上，眼看前下方。（图 219）

图 217

图 218

图 219

图 220

图 221

3. 转体钩手

重心移至右脚，上体向右转，左脚轻提于右脚内侧；右前臂内转，右掌向右上方划弧变钩手，钩尖向下。左掌随右小臂划弧后收于右肘内侧，掌心斜向内，眼看右手。（图 220、图 221）

4. 仆步下势

左脚向左侧横开一步，右膝全屈左腿伸直成左仆步，上体左转；左掌

自右肩前下落经体前顺左腿内侧向前穿出，与左腿平行，掌心向左，眼看左掌。（图 222、图 223）

图 222

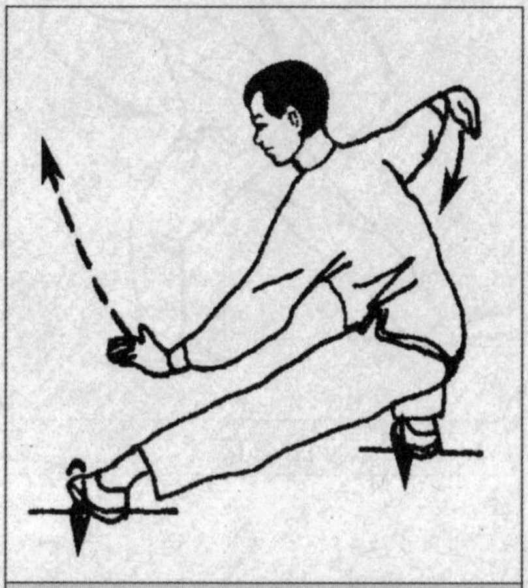

图 223

说明：初学者和老年人要量力而行，可作半仆步。注意上体不要过于弯腰、前俯。

（四十三）上步七星式

1. 弓步挑掌

重心前移，上体左转，两脚尖顺势外展、内扣，成左弓步；左掌随势向前上方挑起，腕与肩平，掌心向前。右臂屈肘内旋下落于右胯侧后，钩尖向后上方，眼看左掌。（图 224）

2. 上步架拳

右脚向前上一步，脚前掌着地。右钩手变拳向面前划弧上举，拳心向外。左掌变拳内收架于右拳之内，拳心向内。两腕相交成斜十字形，腕与肩平。眼先看左掌，后看右拳。（图 225）

图 224

图 225

（四十四）独立跨虎式

1. 撤步转掌

右脚向后撤一步，重心后移至右脚，上体右转；右拳变掌向下经体侧划一立圆再落至腹左前方，掌心斜向上。左拳变掌向内经腹前划弧停于左胯侧，掌指向前。同时左脚提起微向内收，再脚尖点地成虚步，眼看前方。（图 226、图 227）

图 226

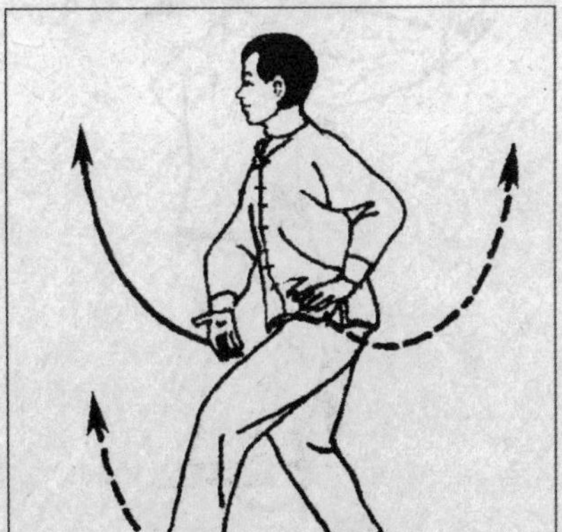
图 227

2. 独立跨虎

右腿微屈站稳，左脚向前上方提起，膝与腹相平，脚面展平；右掌向前上方挑起，掌心向左前方；左掌向左上方划弧上举、变钩手，钩尖向下。双腕高与肩平。上体随势左转，眼看左前方。（图 228）

图 228

（四十五）转身摆莲式

1. 扣脚转身

上体稍右转，左脚摆向右脚尖外侧落下，前脚掌着地；右掌心转向下，随转体向右后方平摆。左勾手变掌，掌心向上，向体前平摆；随后，以两脚前掌为轴，向右转体约 180°，重心在左脚。左掌摆至体前后稍屈肘内收，右掌心转向上，前伸向左肘下方划弧。两掌心均向上，眼平视前方。（图 229、图 230）

图 229

图 230

图 231

图 232

2. 转身顺臂

上体继续右转约 90°，重心仍保持在左脚。右掌从左肘下方穿出后，再向右划弧至体右侧，腕与肩平，掌心向外。左掌向内收至右肩前，掌心向右后，眼看右掌。（图 231）

3. 摆莲拍脚

左膝微屈，左脚站稳。提起右脚先向左上方，再向右作扇形外摆，脚面展平；同时两掌自右向左摆动，左、右掌在体前先后拍击右脚面，眼看双掌。（图 232）

说明： 初学者及老年人，手可不拍击脚面。

（四十六）弯弓射虎式

1. 屈膝摆掌

右小腿屈膝下落，悬于体前，脚尖下垂，仍保持独立式。上体微左转；两掌继续左摆至体侧，掌心向左，左掌高齐肩，右掌高齐胸，眼看左掌。（图 233）

图 233

图 234

2. 落脚落掌

上体微右转，右脚向右前方落下，脚跟着地，两掌保持原姿势下落至胸腹前，眼看前方。（图 234）

3. 弓步架拳

上体右转，重心前移至右脚，成右弓步站立；两掌同时经腹前向右划

图 235

图 236

弧并握拳，当运拳至上体最右侧后，上体左转，双拳转向左划弧；右拳屈肘收于右额前，拳心向外。左拳经面前向左前方打出，拳心斜向左前方，高齐鼻。眼先看右前方，随体转再看左拳。（图 235、图 236）

（四十七）右搬拦捶式

1. 后坐穿掌

重心后移至左脚，右脚尖内扣，上体左转；双拳变掌。左前臂外旋，掌心向上，右掌自左前臂上方穿出后，向右前方平摆，掌心斜向前，高平肩，左掌向后屈肘下落于左腰侧。眼先看右掌，转体后看左前方。（图 237、图 238）

图 237

图 238

2. 收脚屈臂

重心后移左脚，将右脚收至左脚内侧；同时，上体右转；左掌在体侧向上划半个圆弧停于左胸前，掌心转向下，掌与肩平。右掌向左下方划弧停于左前臂下方，掌变拳，拳心向下，眼平视前方。（图 239）

图 239

图 240

图 241

图 242

3. 上步搬拳

右脚向前上半步，脚跟着地，脚尖外撇，上体微右转；同时，右拳翻转向前方搬出，拳心向上，高齐胸。左掌向下按于左胯侧，掌心向下，眼看右拳。（图 240）

4. 上步拦掌

上体右转，重心前移至右脚，左脚向前上一步，脚跟着地。右拳向右

划弧收于右腰侧，拳心向上。左掌于体侧向前上方划弧拦掌，高平肩，掌心斜向前下方，眼看左掌。（图 241）

5. 弓步冲拳

重心再前移，左脚成左弓步；右拳由腰际向前冲打，拳心向左，高与胸平。左掌内收于右小臂内侧，眼看右拳。（图 242）

（四十八）右掤捋挤按式

1. 后坐变掌

上体后坐并向左转，重心移至右脚，左脚尖外展；左前臂外旋向下划弧收于腹左侧，掌心向上。右拳变掌，前臂稍内旋并前伸，掌心斜向前下方，眼看左前方。（图 243）

2. 收脚抱球

重心前移至左脚，右脚收于左脚内侧；同时，右掌由前向内下划弧至腹前。左掌由下向左划半个圆弧屈肘收于胸前。两掌成抱球状，眼看前

图 243

图 244

方。（图 244）

3. 弓步掤臂

上体右转，右脚向前上步成右弓步；同时，右前臂向前上方掤出，高与肩平，掌心向内。左掌向下按于左胯侧，眼看右掌。（图 245、图 246）

4. 顺臂后捋

上体再微右转。右前臂内旋，掌心转向前。左前臂外旋，掌心转

图 245

图 246

图 247

图 248

向上，并向右前臂靠拢，平行于右前臂内侧稍下方。随后两臂、掌同时向左后方划弧后捋，上体随势左转。左手捋至体左侧上方，掌心斜向上，腕齐肩高。右臂屈肘平于左胸前，掌心向后，眼看左掌。（图 247）

5. 弓步前挤

上体右转，重心前移成右弓步；同时，左前臂屈肘向内，将左掌指贴近右腕，使两掌心斜相对，随后双掌同时向前推挤，高齐肩，臂撑圆，眼看右掌。（图 248）

6. 分掌后坐

左掌经右腕上方穿出后，两掌心转向下，两臂向左右分开后向体侧划弧。上体随势后坐，重心后移左脚，右脚尖上翘。两臂同时屈肘后收，两掌收至胸前，掌心斜向前下方，眼平视前方。（图 249）

7. 弓步推按

重心前移，右脚成右弓步。两掌下落至腹前再向前上方推按，腕高齐肩，眼平视前方。（图 250）

图 249

图 250

（四十九）十字手式

1. 转体划弧

上体左转，右脚尖内扣，重心左移；左掌随体转并向左划平弧，右掌同时向右侧摆撑，掌心均向前，眼看左掌。（图 251）

图 251

2. 裆步平臂

重心继续左移，左腿半屈，上体下沉、微俯，左脚尖外展成左横裆步；左掌继续左摆至体侧，与右臂对称平举，肘微屈，掌与肩平，眼看左掌。（图 252）

3. 转体叉掌

重心右移，上体右转，左脚尖内扣；双掌向下、向内划弧合抱，叉腕相交于胸前，掌心均向面部，眼看前方。（图 253）

图 252

图 253

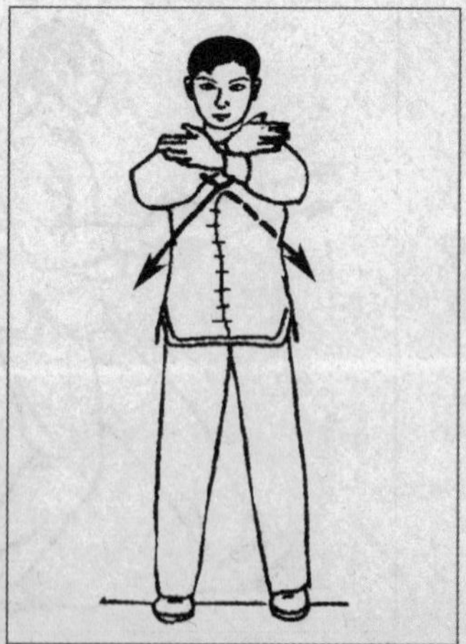

图 254

4. 收脚正体

左脚向内收成开立步，两脚尖向前，脚与肩宽；随后上体慢慢直立并转正，眼平视前方。（图 254）

（五十）收势

1. 分掌下落

两前臂内旋，两掌左右分开使两掌掌指向前，与肩同宽，掌心朝下，缓慢落于体侧，眼平视前方。（图 255）

2. 收脚立正

上体保持正直，松肩垂肘，呼吸自然。左脚慢慢提起收至右脚旁，双脚并拢，眼平视前方。（图 256、图 257）

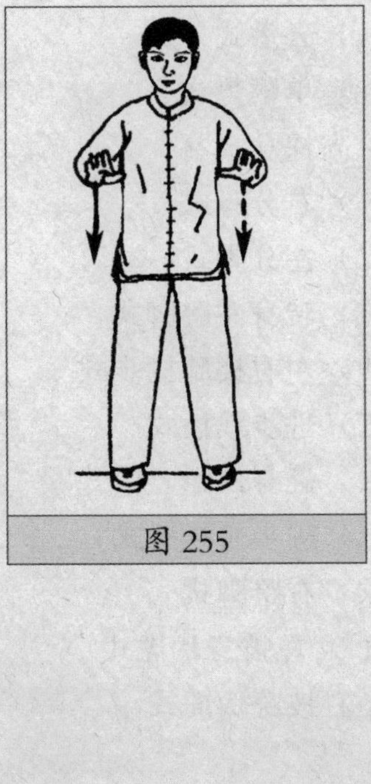
图 255

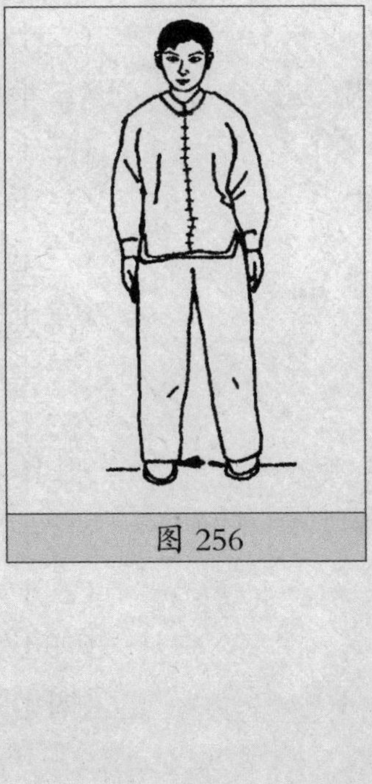
图 256

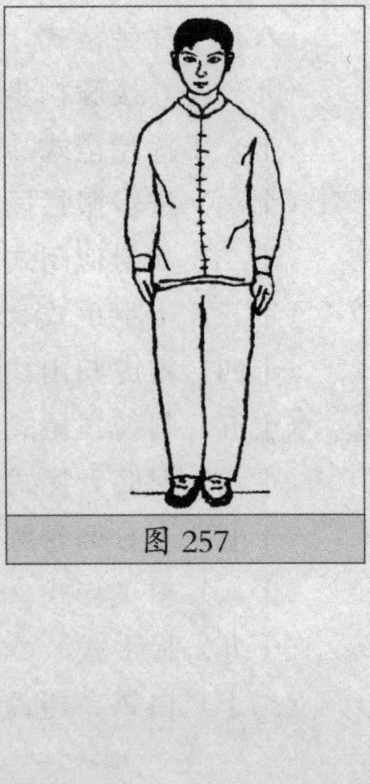
图 257

第七篇　八十八式太极拳

一、动作名称

（一）预备式
（二）起势
（三）揽雀尾式
（四）单鞭势式
（五）提手式
（六）白鹤亮翅式
（七）左搂膝拗步式
（八）手挥琵琶式
（九）左右搂膝拗步式
（十）手挥琵琶式
（十一）进步搬拦捶式
（十二）如封似闭式
（十三）十字手式
（十四）抱虎归山式
（十五）斜揽雀尾式
（十六）肘底看捶式
（十七）左右倒卷肱式
（十八）斜飞势式
（十九）提手式
（二十）白鹤亮翅式
（二十一）左搂膝拗步式
（二十二）海底针式
（二十三）闪通臂式
（二十四）转身撇身捶式
（二十五）进步搬拦捶式
（二十六）上步揽雀尾式
（二十七）单鞭势式
（二十八）云手式
（二十九）单鞭势式
（三十）高探马式
（三十一）右分脚式
（三十二）左分脚式
（三十三）转身左蹬脚式
（三十四）左右搂膝拗步式
（三十五）进步栽捶式
（三十六）翻身白蛇吐信式
（三十七）进步搬拦捶式
（三十八）右蹬脚式
（三十九 ）左披身伏虎式
（四十）右披身伏虎式

（四十一）回身右蹬脚式
（四十二）双峰贯耳式
（四十三）左蹬脚式
（四十四）转身右蹬脚式
（四十五）进步搬拦捶式
（四十六）如封似闭式
（四十七）十字手式
（四十八）抱虎归山式
（四十九）斜揽雀尾式
（五十）横单鞭势式
（五十一）左右野马分鬃式
（五十二）进步揽雀尾式
（五十三）单鞭势式
（五十四）左右穿梭式
（面向四斜角）
（五十五）进步揽雀尾式
（五十六）单鞭势式
（五十七）云手式
（五十八）单鞭势式
（五十九）下势式
（六十）左右金鸡独立式
（六十一）左右倒卷肱式
（六十二）斜飞势式
（六十三）提手式
（六十四）白鹤亮翅式
（六十五）左搂膝拗步式
（六十六）海底针式
（六十七）闪通臂式
（六十八）转身撇身捶式
（六十九）进步搬拦捶式
（七十）上步揽雀尾式
（七十一）单鞭势式
（七十二）云手式
（七十三）单鞭势式
（七十四）高探马式
（七十五）左穿掌式
（七十六）转身十字蹬脚式
（七十七）搂膝打捶式
（七十八）上步揽雀尾式
（七十九）单鞭势式
（八十）下势式
（八十一）上步七星式
（八十二）退步跨虎式
（八十三）转身摆莲脚式
（八十四）弯弓射虎式
（八十五）进步搬拦捶式
（八十六）如封似闭式
（八十七）十字手式
（八十八）收势

二、动作图解

（一）预备式

身体自然直立，两脚开立，与肩同宽，脚尖向前，两臂自然下垂，两手放在大腿外侧，眼向前平看。（图 1、图 2）

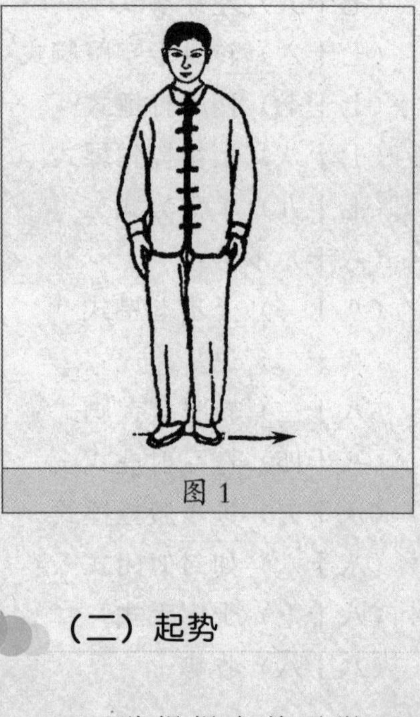

图 1

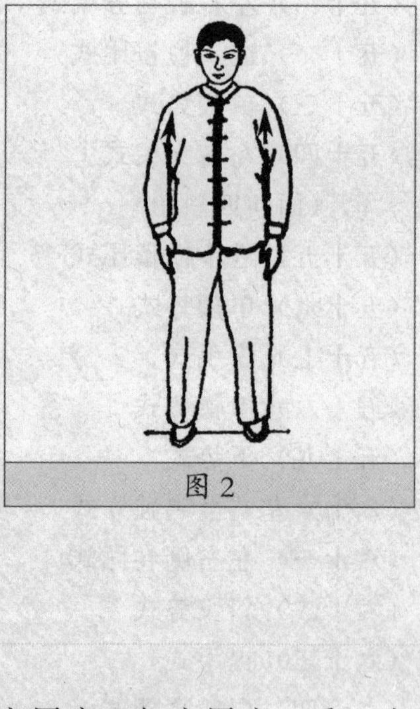

图 2

（二）起势

（1）两臂慢慢向前平举，两手与肩同高，与肩同宽，手心向下。（图 3）

（2）两腿屈膝，两掌下按，两肘下垂与膝相对，眼看前方。（图 4）

图 3

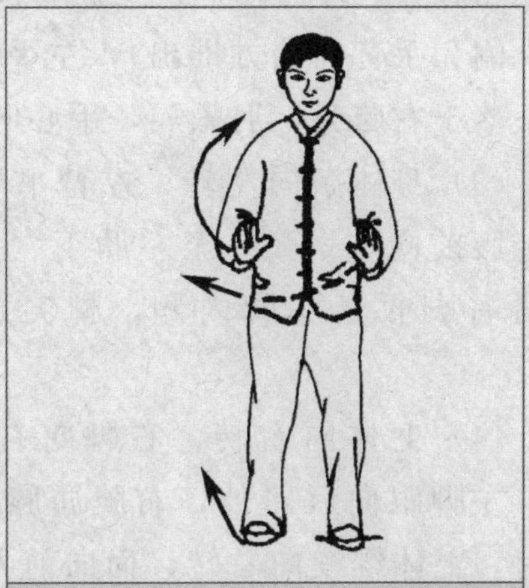

图 4

（三）揽雀尾式

（1）右膝微向下撇，同时身体微向右转，右臂平屈于胸前，左手随体转动并向右下方划弧至右肋下，与右手相对成抱球状（左手心向上）；身体重心落在右腿上，左脚收至右脚内侧，脚尖着地，眼看右手。（图 5）

（2）上体向左转，左脚向左前方迈一步，脚尖向前，右腿自然蹬直，

图 5

图 6

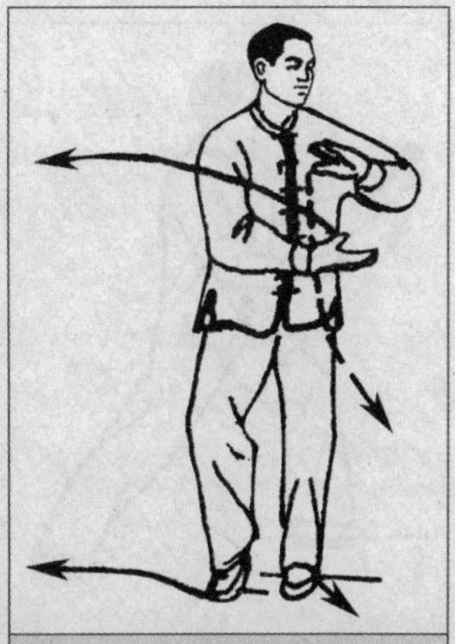

图 7

左腿屈膝，成左弓步，同时左臂向左前方掤出（即左臂平屈成弓形，用前臂外侧和手背向前方推出），左手和前臂高与肩平，手心向后；右手向右、向下落于右胯旁，肘微屈，手心向下，眼看左前臂。（图 6）

（3）身体微向左转，左臂平屈于左胸前，与肩同高，手心向下；右手经腹前向左划弧，至左肋下（手心向上）与左手上下相对成抱球状；同时右脚收至左脚内侧，脚尖点地，身体重心落在左腿，眼看左手。（图 7）

（4）上体向右转，右脚向右前方迈出一步，左脚跟向后蹬伸，右腿屈膝，成右弓步；同时，上体继续向右转，面向前方，右臂向前掤出，高与肩平，手心向后；左手向左下落，放于左胯旁，手心向下，指尖向前，眼看右前臂。（图 8）

图 8

（5）上体稍向右转，右手随即前伸翻掌向下，左手翻掌向上，经腹前向上、向前伸至右前臂下方，然后两手一齐下捋，即上体向左转，两手经腹前向左后方划弧，直至左手掌心向上，高与肩齐，右臂平屈于胸前，手心向后，同时身体重心移至左腿，眼看左手。（图 9～图 11）

图 9

图 10

图 11

（6）上体稍向右转，左臂屈肘折回，左手附于右手腕里侧（两腕相距约 5 厘米），上体继续右转至面向前方，双手同时向前慢慢挤出，右手心朝向面部，左手心向前，两前臂成半圆；同时，身体重心逐渐前移成右弓步，眼看右手腕部。（图 12、图 13）

（7）左手经右腕上方向前、向左伸出，与右手齐平，手心向下，右手随即翻掌向下，两手左右分开，与肩同宽；然后上体后坐，身体重心移至左腿，左脚尖翘起；同时，两臂屈肘收至胸前，手心均向前下方，眼看前方。（图 14～图 16）

图 12

图 13

图 14

图 15

图 16

图 17

(8) 上式不停，两手慢慢继续向后收，然后经腹前再向前、向上按出，掌心向前，手腕高与肩平，同时身体重心前移，右腿前弓成右弓步，眼平视前方。(图 17)

(四) 单鞭势式

(1) 上体后坐，身体重心逐渐移至左腿，右脚尖里扣；同时上体左转，两手（左高右低）向左划弧形运转，直至左臂平举于左侧，手心向左，右手经腹前运至左肋前，手心向后上方，眼看左手。(图 18、图 19)

图 18

图 19

(2) 身体重心再渐渐移至右腿，上体右转，左腿向右脚靠拢，脚尖着地；同时，右手向右上方划弧（手心由里转向外），至右侧方时变为钩手，臂与肩平；左手向下经腹前向右上方划弧停于右肩前，手心向里，眼看左手。(图 20、图 21)

(3) 上体微向左转，左脚向左前侧方迈出（脚尖向左微斜），右脚跟后蹬成左弓步；在身体重心移向左腿的同时，左掌随上体继续左转慢慢翻转向前推出，手心向前，手指与眼齐平，臂微屈，眼看左手。(图 22)

图 20

图 21

图 22

（五）提手式

右腿慢慢弯曲，身体后坐并向右侧回转，左脚尖向里扣，然后身体重心再落于左腿；右钩手变掌，由右侧移至脸前成侧立掌，指尖高与眉齐，左手收于右臂肘部内侧，高与胸齐，两手心左右相对，同时右脚提起落于左脚前，脚跟着地，成右虚步，眼看右手食指。（图 23、图 24）

图 23

图 24

（六）白鹤亮翅式

身全向左转，两手向左下划弧，在身体左侧相抱（左手在上，右手在下）；同时右脚稍向后移，脚尖里扣；然后上体右转，再微向左转面向前方；两手随转体分别向右上、左下分开，右手上提停于右额前，手心向左后方，左手下按落于左胯前，手心向下，指尖向前；同时身体重心后移至右腿上，左腿移至体前，脚尖点地，成左虚步，眼平视前方。（图 25～图 27）

图 25

图 26

图 27

（七）左搂膝拗步式

（1）右手从身体前方下落，由下向后上方划弧至右肩部外侧，肘微屈，手与耳同高，手心斜向上；左手上起由左下向上、向右下方划弧至右胸前，手心斜向下；同时上体先稍向左再向右转体，左脚收回至右脚内侧，脚尖点地，眼看右手。（图 28～图 30）

（2）上体左转，左脚向前（偏左）迈出，右腿自然伸直成左弓步，同时右臂屈回，右手由耳侧向前推出，高与鼻尖平，左手向下由左膝前搂过落于左胯旁，指尖向前，眼看右手手指。（图 31）

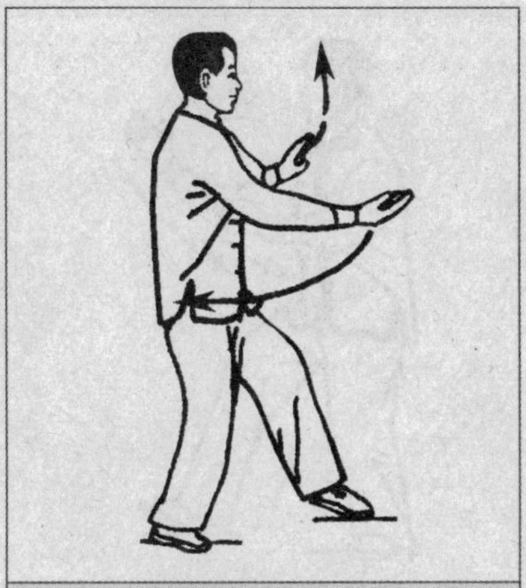
图 28

图 29

图 30

图 31

（八）手挥琵琶式

右脚跟进半步到左脚后，上体后坐，身体重心移至右腿上；左脚提起略向前移，脚跟着地，脚尖翘起，成左虚步；同时，左手由左下向上、向前上方挑举，高与鼻尖平，掌心向左，臂微屈，右手收回放在左臂肘部里侧，掌心向左，眼看左手食指。（图 32、图 33）

图 32

图 33

（九）左右搂膝拗步式

(1) 右手下落，由下向后上划弧至右肩部外侧，肘微屈，手与耳同高，手心斜向上；左手由左上向右下划弧至胸右侧，手心斜向下；同时上体右转，左脚收至右脚内侧，脚尖点地，眼看右手。(图 34)

(2) 上体左转，左脚向前（偏左）迈出成弓步；同时右臂屈回，右手由右耳侧向前推出，高与鼻尖平，左手向下由左膝前搂过落于左胯旁，眼

图 34

图 35

看右手手指。（图 35）

（3）右腿慢慢屈膝，上体后坐，身体重心移于右腿，身体左转，左脚尖翘起微向外撇；随后左脚掌慢慢踏实，左腿前弓，身体重心再移到左腿上；右脚收至左脚内侧，脚尖点地；同时左手向外翻掌，由左后向上划弧至左肩外侧，肘微屈，手与耳同高，手心斜向上；右手随转体向上，向左下划弧落于左肩前，手心斜向下，眼看左手。（图 36～图 38）

图 36

图 37

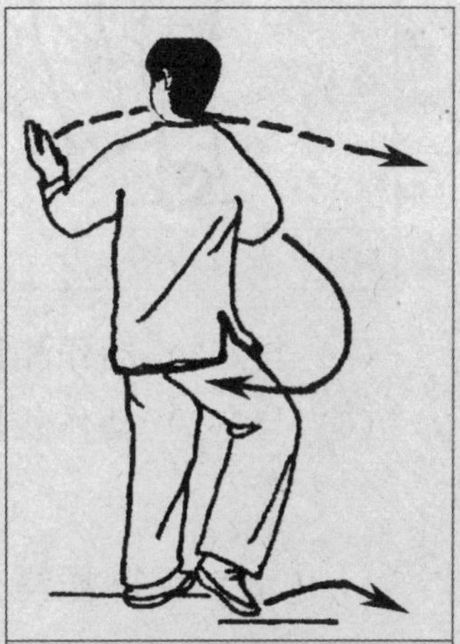
图 38

（4）与（2）动作相同，只是左右相反。（图 39）

图 39

图 40

图 41

图 42

图 43

（5）与（3）动作相同，只是左右相反。（图 40～图 42）

（6）与（2）动作相同，只是左右相反。（图 43）

（十）手挥琵琶式

动作和要点均与（八）同。（图 44、图 45）

图 44

图 45

（十一）进步搬拦捶式

（1）身体左转，左脚尖外撇踏实；同时，左掌翻转，左臂平屈于胸前，手心向下，右掌变拳由体前向左下划弧，至左肋旁，拳心向下；此时身体重心前移，落于左腿，右腿微屈，脚跟提起向外扭转，眼看左手。（图 46）

图 46

（2）上体右转，右拳经胸前向前翻转撇出，拳心向上；左手顺势落于左胯旁，同时右脚向前进一步，脚尖外撇，眼看右拳。（图 47）

（3）身体重心前移至右腿；左手经身体左侧向上、向左，再向前划弧拦出，掌心向前下方；同时左脚前进一步，脚跟着地；右拳向右划弧收到腰部右侧，拳心向上，眼看左手。（图 48）

（4）左腿前弓变左弓步；同时左拳向前打出，拳眼向上，高与胸平；左手附于右前臂里侧，眼看右拳。（图 49）

图 47

图 48

图 49

（十二）如封似闭式

（1）左手由右腕下伸出，右拳变掌，两手手心逐渐向上翻转并慢慢分开回收至两肋旁；同时上体后坐，左脚尖翘起，身体重心移于右腿，眼看前方。（图 50、图 51）

（2）两手在胸前翻掌，与肩同宽，向下经腹前再向上、向前推出，手心向前，同时左腿前弓成左弓步，眼看前方。（图 52、图 53）

图 50

图 51

图 52

图 53

（十三）十字手式

（1）身体重心移向右腿，左脚尖里扣，向右转体，右手随转体动作向右平摆划弧，与左手成两臂侧平举，掌心向前，肘部微屈，同时右脚尖随着转体稍向外撇，成右侧弓步，眼看右手。（图 54、图 55）

（2）身体重心慢慢移于左腿上，右脚尖里扣，随即右脚向左收回，两脚距离与肩同宽，两腿逐渐蹬直，成开立步，脚尖向前；同时两手向下经

图 54

图 55

图 56

图 57

腹前划弧交叉合抱于胸前，两臂撑圆，腕高与肩平，右手在外，成十字手，手心均向里，眼看前方。（图 56、图 57）

（十四）抱虎归山式

（1）身体重心微向左移，左脚尖向里扣，然后两腿屈膝，身体重心落于左腿，随即身体左转，左手由胸前向下、向左划弧至与左肩齐平，手心斜向上；右臂屈肘，右手回收至左肩前，手心斜向下，眼看左手。（图 58）

图 58

图 59

（2）上体微向右转，右脚向右侧迈一步，屈膝成右弓步，同时右手随着向右后转体向下，向右搂按放在右膝外侧；左臂屈肘，左手经左耳旁向前推出，高与鼻尖齐平，眼看左手。（图 59）

（十五）斜揽雀尾式

上体微向右转，随转体右手从右下侧上举，约与肩同高，手心斜向内；同时左手翻转，手心向上，落至右前臂下方；然后做捋、挤、按动作，方法同（三）揽雀尾式。（图 60～图 65）

图 60

图 61

图 62

图 63

图 64

图 65

（十六）肘底看捶式

（1）上体后坐，身体重心慢慢移至左脚，右脚尖向里扣同时上体左转，两手（左高右低）向左划弧形运转，直至左臂平举于左侧，手心向左；右手经腹前运至左肋前，手心向后上方，眼看左手。（图 66）

（2）身体重心再渐渐移于右腿，上体右转，左脚向右脚靠拢，脚尖点地，同时右手向右上方划弧运转至右侧平举，与肩同高，手心向外；左手

图 66

图 67

图 68

也同时向下经腹前向右上划弧至右肩前，手心向里，眼看右手。（图 67）

（3）左脚向左侧方（偏前）迈一步，脚尖外撇，身体重心过渡，身体左转，右脚随身体的转动，向左跟进半步，落在左脚后，同时左手随转体向左运转，至身体左方再收至左腰侧，掌心向上，右臂也随转体向左划弧运转于胸前，眼看前方。（图 68、图 69）

（4）左手由腰际经右手腕向前穿出，成侧立掌，掌心向右，高与鼻尖齐平；右掌则变拳置于左肘下（拳眼向上）；与此同时，身体重心移于右腿，左腿向前迈出半步，脚跟点地，膝部微屈，成左虚步，眼看左掌。（图 70）

图 69

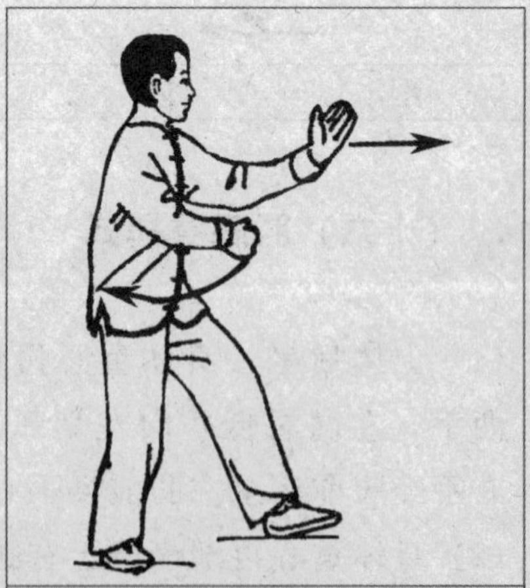
图 70

（十七）左右倒卷肱式

（1）右拳变掌，手心转向上，随上体右转经腹前由下向后上方划弧平举，臂微屈；左手随即翻掌向上；左腿膝部放松；眼随着转体先向右看，再转向前方看左手。（图 71、图 72）

图 71

图 72

（2）右臂屈肘推向前，右手由右耳侧向前推出，手心向前；左臂屈肘后撤，手心向上，撤至左肋外侧；同时左腿轻轻提起，向后（偏左）侧退

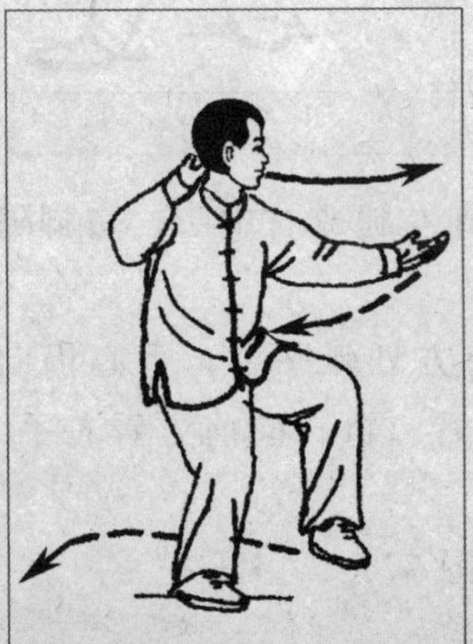
图 73

图 74

图 75

图 76

图 77

图 78

图 79

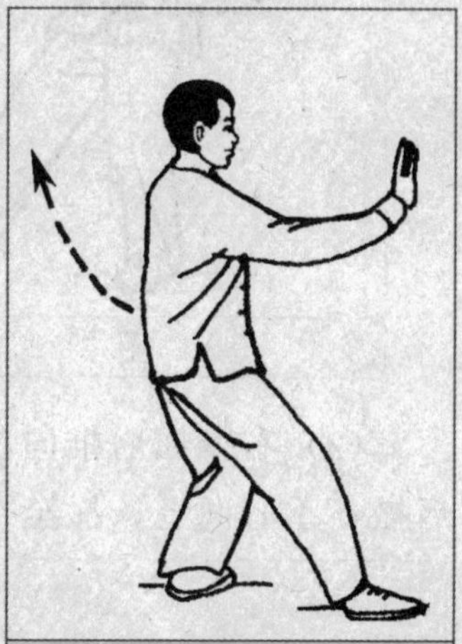
图 80

一步，脚掌先着地，然后慢慢踏实，身体重心移到左腿成右虚步，右脚随转体以脚掌为轴摆正，眼看右手。（图 73、图 74）

（3）上体微向左转，同时左手随转体向后上方划弧平举，手心仍向上，右手随即翻掌，手心向上；眼随转体先向左看，再转向前方看右手。（图 75）

（4）与（2）相同，只是左右相反。（图 76、图 77）

（5）与（3）相同（图 78），只是左右相反。

（6）与（3）相同，只是左右相反。（图 79、图 80）

（十八）斜飞势式

（1）上体微向左转，同时左手随之向后上方划弧平举，手心斜向上；右手松腕，掌心斜向下；眼随转体先向左看，再转向前方看右手。（图 81）

（2）左手划弧，左臂平举胸前，左手手心向下，右手经体前下方划弧与左手上下相对，右脚收至左脚跟旁，脚尖着地。（图 82）

（3）以左脚脚掌为轴，身体右转（右脚随之扭转），右脚向右前方迈出，成右弓步，面向右前方；同时两手向右上、左下方向分开，右手高与眼齐，手心斜向上；左手停于左胯旁，手心向下，指尖向前，眼看右手。（图 83、图 84）

图 81

图 82

图 83

图 84

（十九）提手式

左脚前跟半步，身体重心移于左腿，然后右脚提起落下，脚跟着地，膝部微屈，成右虚步；同时，右掌略向右侧方斜带，再向前方下落成侧立

掌，高与眉齐；左手上举于右肘内侧，高与胸齐，两手手心相对，眼看右手。（图 85、图 86）

图 85

图 86

（二十）白鹤亮翅式

动作和要点均与（六）同。（图 87～图 89）

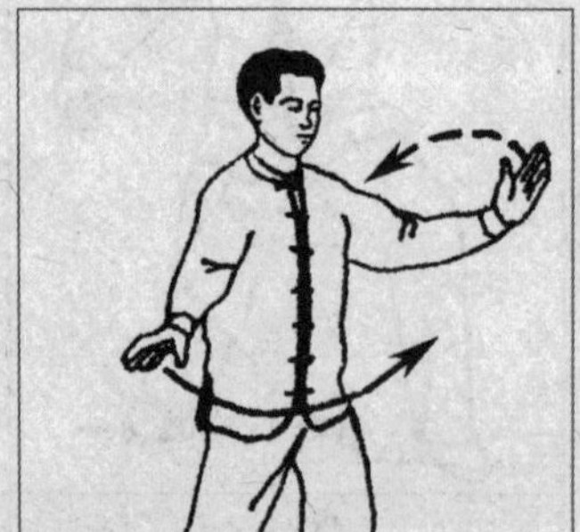

图 87

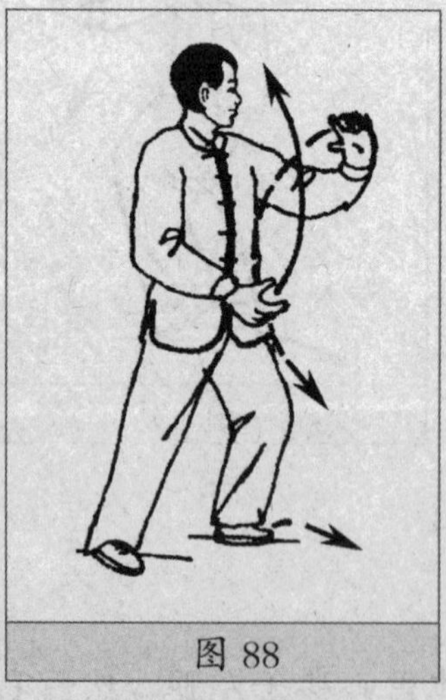

图 88

图 89

（二十一）左搂膝拗步式

动作和要点均与（七）相同。（图 90～图 93）

（二十二）海底针式

右脚向前跟进半步，身体重心移至右腿，左腿稍向前移，脚尖点地，成左虚步；同时身体稍向右转，右手下落经体右前方后，向上提至肩上耳

图 90

图 91

图 92

图 93

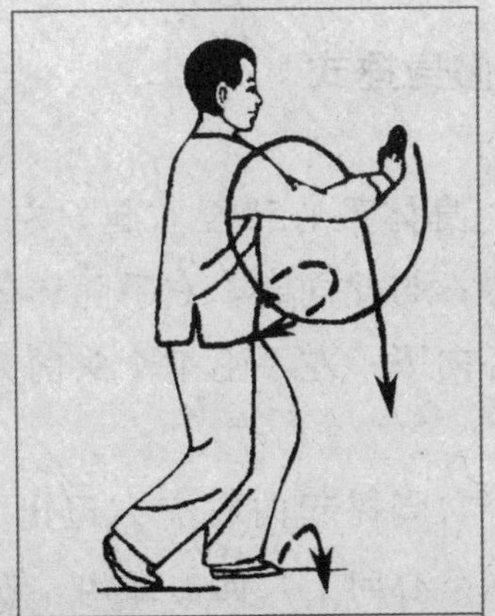

图 94

图 95

旁，再随身体左转由右耳斜向前下方插出，掌心向左，指尖斜向下；与此同时，左手向前、向下划弧落于左胯旁，手心向下，指尖向前，眼看前下方。（图 94、图 95）

（二十三）闪通臂式

上体稍向右转，左脚向前迈出，屈膝弓腿，成左弓步，同时右手由体前上提，屈臂上举，停于额前上方，掌心翻转斜向上，拇指朝下；左手上起经胸前向外推出，高与鼻尖平，手心向前，眼看左手。（图 96）

图 96

图 97

图 98

（二十四）转身撇身捶式

（1）右腿慢慢屈膝，身体重心移至右腿，左脚尖里扣，身体向右转，然后身体重心再移至左腿；与此同时，右手随转体向右、向下（变拳）经腹前绕行至左肋旁，拳心向下；左手上举于头前方，臂成半圆形，手心斜向上，眼看前方。（图 97）

（2）身体继续右转，右脚提起向右前方迈出（脚尖稍斜向右），成右弓步，同时，右拳翻转（拳心向上）向前撇出；左手由上而下，落于右肘内侧，眼看右拳。（图 98）

（二十五）进步搬拦捶式

（1）左腿弯曲，重心移于左腿，身体微左转，右脚收回停于左脚内侧，脚尖点地；同时，右拳翻转，拳心向下，由前向下，经腹前向左划弧至左肋旁；左臂下落由前下向后上方划弧平屈胸前，手心向下，眼看前方。（图 99）

（2）向右转体，右腿向前垫步迈出，脚尖外撇；同时右拳经胸前向前翻转撇出，拳心向上；左手由右臂外侧落于左胯旁，掌心向下，指尖向前，眼看右拳。（图 100）

图 99

（3）重心移于右腿，身体右转，左脚向前迈一步；左手上起经左侧向前上划弧拦出，手心向前下方；同时右拳向右划弧收到右腰旁，拳心向上，眼看左手。（图 101）

（4）左腿前弓成左弓步，右拳向前打出，拳眼向上，高与胸平；左手附于右前臂里侧，眼向前平视。（图 102）

图 100

图 101

图 102

（二十六）上步揽雀尾式

（1）重心稍向后移，身体半面左转，左脚尖外撇；同时，左手向下、向左后上方划弧平屈胸前，手心向下；右拳也同时变掌由前向下划弧停于腹前，手心向上，与左手成抱球状；右脚跟进停于左脚内侧，脚尖点地，眼看左手。（图 103）

（2）下面掤、捋、挤、按各法同前面揽雀尾式（4）～（8）的动作说明。（图 104～图 113）

图 103

图 104

图 105

图 106

图 107

图 108

图 109

图 110

图 111

图 112

图 113

图 114

图 115

图 116

图 117

（二十七）单鞭势式

动作和要点均与前（四）相同。（图 114～图 118）

图 118

（二十八）云手式

（1）身体重心移于右腿，身体渐渐右转，左脚尖里扣；左手经腹前向左上划弧至右肩前，手心斜向后；同时右手变掌，手心向右前方，

眼看左手。（图 119、图 120）

（2）上体慢慢左转，身体重心随之逐渐左移，左手由脸前向左侧运转，手心渐渐转向左方；左手由右下经腹前向左上划弧，至右肩前，手心斜向后；同时右脚左移靠近左脚，成小开立步（两脚距离 10～20 厘米），眼看右手。（图 121、图 122）

（3）上体再向右转，同时左手经腹前向右上划弧至右肩前，手心斜向后；右手继续向右侧运转，手心翻转向右；随之左脚向左横跨一步，眼看左手。（图 123、图 124）

（4）与（2）解同。（图 125、图 126）

（5）与（3）解同。（图 127、图 128）

（6）与（2）解同。（图 129、图 130）

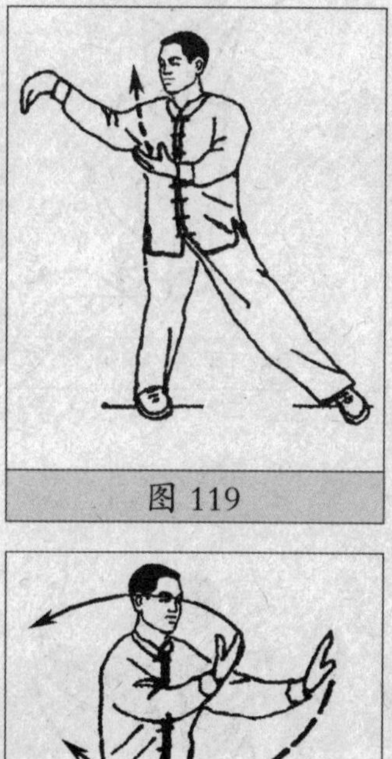
图 119

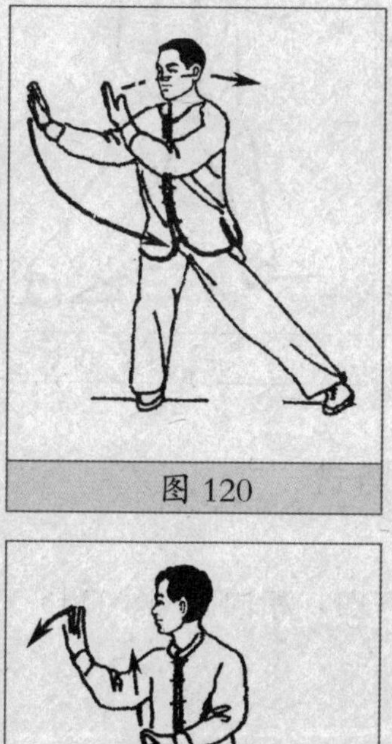
图 120

图 121

图 122

图 123

图 124

图 125

图 126

图 127

图 128

图 129

图 130

（二十九）单鞭势式

云手做五个之后，右手运转至右上方时变钩手，同时左脚迈出变为单鞭势式。动作过程及要点均与前（四）（2），（3）相同。（图 131～图 133）

（三十）高探马式

（1）右脚跟进半步，身体微向右转，身体重心逐渐后移至右腿上；右钩手变成掌，两手心翻转向上，肘部微屈；左脚跟渐渐离地，眼看左前

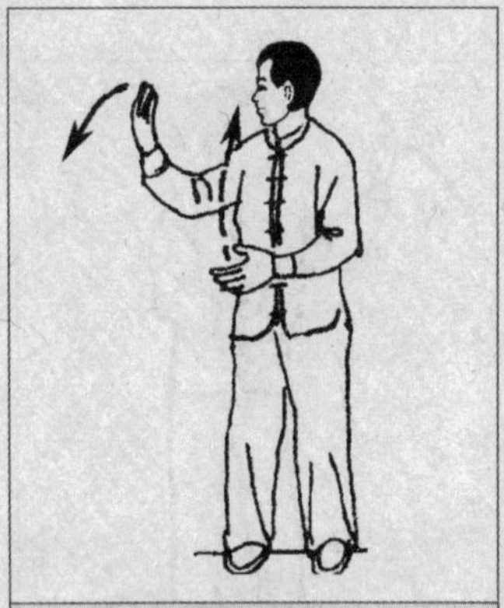
图 131

图 132

图 133

图 134

图 135

图 136

方。（图 134）

（2）身体稍微左转，面向前方，右掌经右耳旁向前推出，手心向前，手指与眼同高；左手收至左侧腰前，手心向上；同时左脚稍向前移，脚尖点地，成左虚步，眼看右手。（图 135）

（三十一）右分脚式

（1）左手手心向上，前伸至右手腕背面，两手相互交叉，随即向两侧分开并向下划弧，再抱成十字手；同时左脚向左前方迈出（脚尖略外撇），成左弓步，然后再把右脚收到左脚内侧，脚尖点地，眼平看右前方。（图 136～图 138）

图 137

图 138

图 139

（2）两臂向左右划弧分开，平举于身体两侧（肘部微屈、手心向外）；同时右腿屈膝提起，然后使小腿向前方慢慢踢出（脚面绷直），眼看右手。（图 139）

（三十二）左分脚式

（1）右腿收回后再向右前方迈出一步，成右弓步，身体半面右转；左手由左侧向下经胸前向前伸出（手心转向上）与右手交叉（左上右下），然后两臂左右分开自两侧向下划弧，再抱成十字手，左手在外（手心均向里）；同时左脚收到右脚内侧，脚尖点地，眼平看左前方。（图 140、图 141）

图 140

图 141

图 142

(2) 两臂向左右划弧分开，平举于身体两侧（肘部微屈，手心向外）；同时左腿屈膝提起，然后使小腿向左前方慢慢踢出（脚面绷直），眼看左手。（图 142）

（三十三）转身左蹬脚式

(1) 左脚落于右脚后，脚尖点地；同时两手由左右下落收至腹前合抱，左手在外（手心均向里），眼看左前方。（图 143）

(2) 以右脚掌为轴，身体向右转（左脚随之扭转），两臂慢慢上举成十字手，再分别向左右划弧分开平举于身体两侧（肘部微屈，手心向下），眼看前方。（图 144、图 145）

图 143

图 144

图 145

（三十四）左右搂膝拗步式

(1) 左腿落下，再向左前方迈出成左弓步，同时左臂屈肘，左手由上方划弧落于右肩前，右手心翻转向上；然后左手搂左膝停于左胯旁，右手则从右耳旁向前推出，眼看右手。（图 146、图 147）

(2) 右搂膝拗步动作与前（九）(3)，(4) 的说明相同。（图 148～图 151）

图 146

图 147

图 148

图 149

图 150

图 151

图 152

图 153

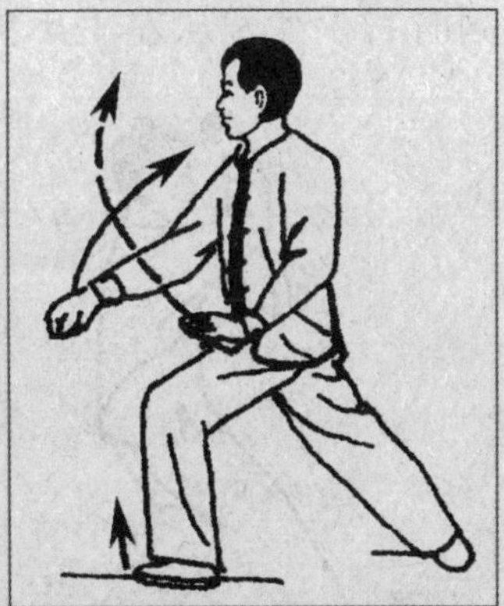
图 154

（三十五）进步栽捶式

身体重心略向后移，右脚尖外撇，身体右转，同时，左手随转体落于右肩前，右手向右后方上举变拳；然后左脚前进一步，成左弓步；左手搂左膝停于左胯旁，右拳则向前下方打出（拳心斜向下、拳眼向左），眼看前下方。（图 152～图 154）

（三十六）翻身白蛇吐信式

（1）身体重心后移，右前臂上提，右拳横置于胸前，拳心向下；左手自左向前划弧上拳，至头部的前上方；同时左脚尖里扣，身体右转，重心再移于左腿；右脚收回即向右后方迈出（步子略小些，脚尖稍斜向右），身体重心大部分仍在左腿，右膝微屈，同时右拳与右腿同时向同一方向撇出，拳心向上，肘部下垂；左手在右拳撇出时下落于右前臂内侧，掌心向下，眼看右拳。（图 155～图 158）

（2）左手经右拳上方向前推出，掌心向前；右拳变掌收至右腰旁，掌心向上；同时右腿前弓成右弓步，眼看左手。（图 159）

（3）身体重心再移于左腿，右脚略向后撤，前脚掌着地，成右虚步；同时右手变拳从左手下方向前打出（拳眼向上）。高与胸齐，左掌停于右

图 155

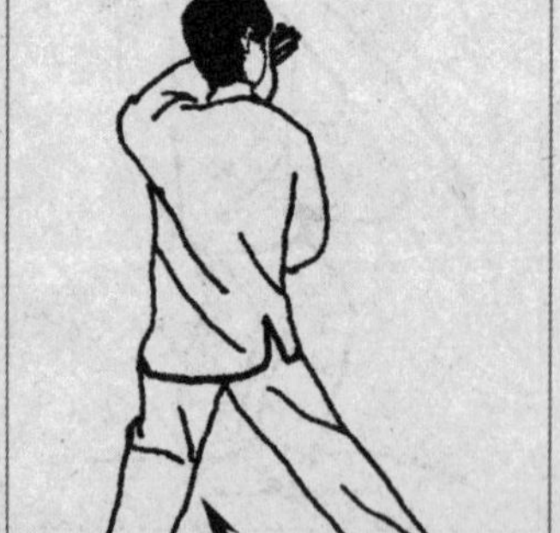

图 156

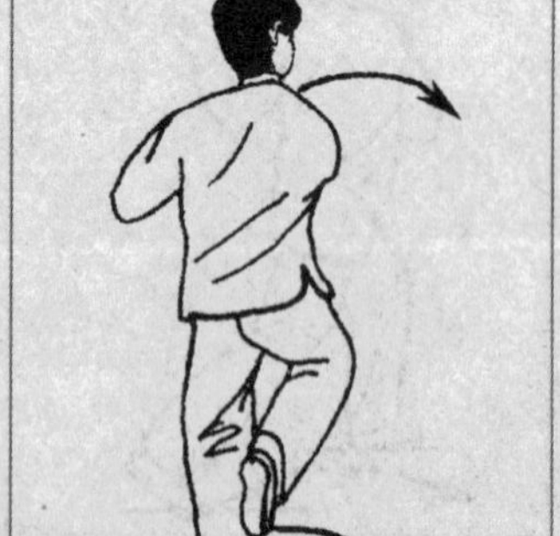

图 157

图 158

图 159

图 160

前臂内侧，眼看右拳。（图 160）

（三十七）进步搬拦捶式

身体左转，右拳经腹前向下、向左绕行停于左腰旁（拳心向下）；右脚收回至左脚内侧，脚尖点地；左掌（翻掌，掌心向上）经腹前向左后再向前上绕行，左前臂平屈于胸前，掌心翻向下；这几个动作姿势与前面（十一）。进步搬拦捶式动作的说明相同。（图 161～图 164）

图 161

图 162

图 163

图 164

（三十八）右蹬脚式

（1）两手上举向左右分开，并向下划弧，在胸前交叉成十字手（右手在外，手心均向里）；同时，身体重心略后移，右脚尖微向外撇，身体重心再移至左腿，右脚跟进至左脚内侧，脚尖着地，眼看右前方。（图 165、图 166）

图 165

图 166

图 167

（2）右腿屈膝提起，右脚慢慢向右前方蹬出（脚尖回钩，用力点在脚跟）；同时，两手向左右分开，肘部微屈，两臂平举，眼看右手。（图 167）

（三十九）左披身伏虎式

（1）右脚收回落于左脚后方，成交叉步；同时左手由左上方向体前绕行，停于右前臂内侧，眼看右手。（图 168）

（2）左腿提膝，左脚向左侧方迈一步，同时身体向左后转，左腿屈膝成左弓步；两手一齐向腹前下落，右手变拳停于左胸前（拳心向下），左手变拳由下向上划弧，停在左额上方（拳心向下），两拳背上下斜对；视线随转而移动，最后平视右前方。（图 169）

图 168

图 169

（四十）右披身伏虎式

身体重心后移，左脚尖里扣，上体右转，重心再移至左腿上；随即右膝提起，右脚向右侧方迈出一步，弓腿成右弓步；同时，两拳变掌下落经腹前向右边划弧，左掌变拳停于右胸前（拳心向下），右掌变拳经身体右侧上举于右额上方（拳心向外），两拳上下相对，眼看左前方。（图 170～图 172）

图 170

图 171

图 172

（四十一）回身右蹬脚式

（1）左膝微屈，左脚尖里扣，身体左转，左脚尖随之外撇，身体重心移于左腿；左拳随体上举，两臂在脸前分开变掌，再合抱于胸前，成十字手（右手在外，手心均向里）。同时，右脚收至左脚内侧，脚尖着地，眼看右前方。（图 173～图 175）

（2）蹬脚动作与前（三十八）右蹬脚式（2）的说明相同。（图 176）

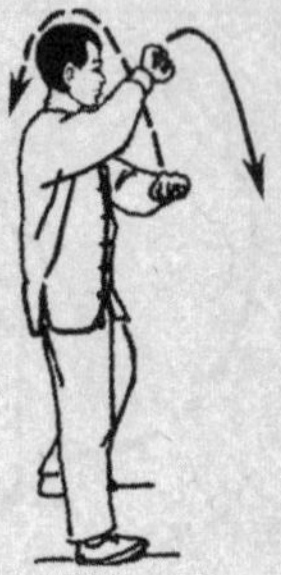

图 173

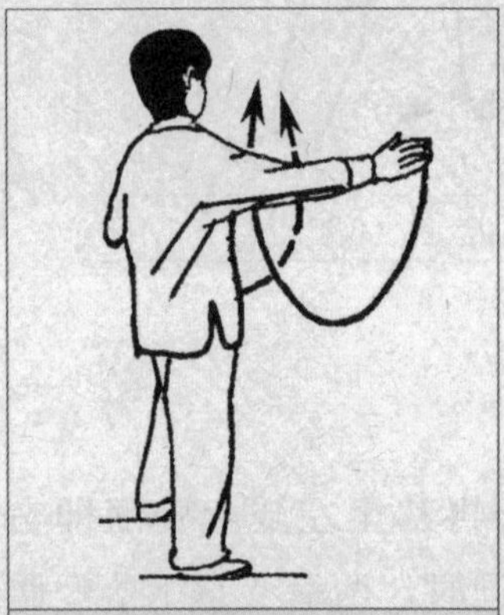

图 174

图 175

图 176

（四十二）双峰贯耳式

（1）右腿收回，膝盖提起，左手由后向上、向前下落至体前，两手心均翻转向上，两手同时向下划弧分别落于右膝两侧，眼看前方。（图 177）

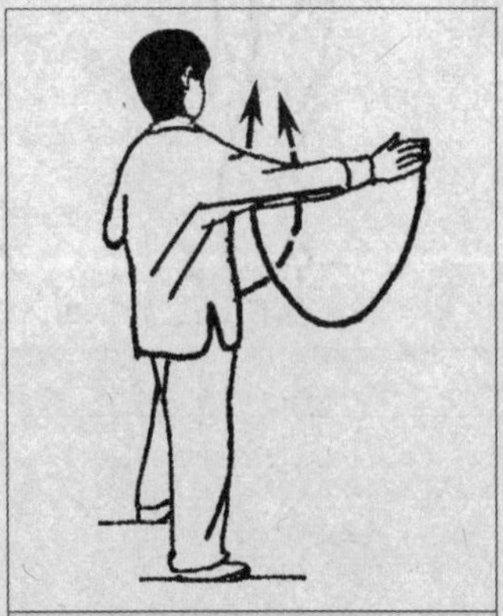

图 174

图 175

图 176

（2）右脚向右前方落下，重心渐渐前移，成右弓步，面向右前方；同时两手下落，慢慢变拳，分别从两侧向上、向前划弧至面部前方，成钳形状，两拳相对，与耳同高，两拳拳眼都斜向内下（两拳中间距离 10～20 厘米），眼看右拳。（图 178、图 179）

（四十三）左蹬脚式

（1）身体重心后移，右脚尖外撇，两拳变掌向左右分开，向下划弧后合抱于胸前成十字手（左手在外，手心均向里）；同时身体重心再移至右腿上，左脚收至右脚内侧，脚尖点地，眼看左前方。（图 180、图 181）

（2）两臂慢慢分开划弧成左右平举（肘部微屈，手心向外）；同时左腿慢慢提起向左前方蹬出（脚尖回钩），眼看左手。（图 182）

图 180

图 181

图 182

（四十四）转身右蹬脚式

（1）左腿屈膝收回向右脚外侧落下，趁左腿落势，以右脚前脚掌为轴，向右后转体约 270°；左脚落地后，身体重心立即移至左腿，右脚掌着地；同时两手向左右下落，向下划弧，再向上合抱于胸前成十字手（右手在外），眼看右前方。（图 183、图 184）

（2）两臂分开向左右平举（肘部微屈，手心向外）；同时右腿屈膝提

图 183

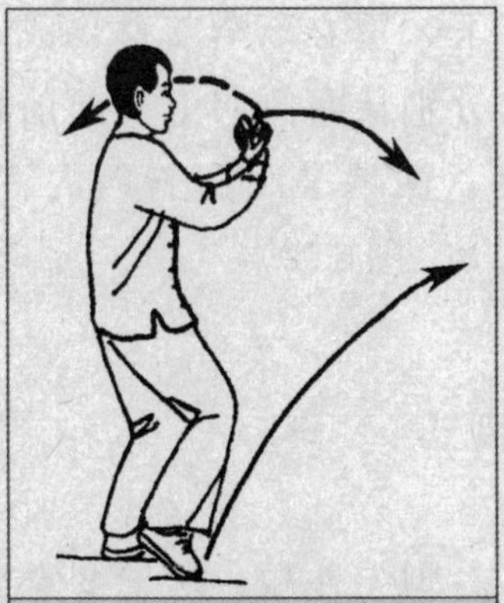
图 184

图 185

起，右脚慢慢向右前方蹬出（脚尖回钩），眼看右手。（图 185）

（四十五）进步搬拦捶式

（1）左腿屈膝下落，脚尖点地，再向前迈出，脚尖外撇（如果能掌握好重心，右脚也可在收回时不落地而直接迈出）；同时，右掌下落变拳，经腹前向上、向前撇出（拳心向上），左掌屈肘收至身体左侧（掌心向下），眼看右拳。（图 186、图 187）

（2）其余的动作与前面（十一）进步搬拦捶式(3)，(4)的说明相同。（图 188、图 189）

图 186

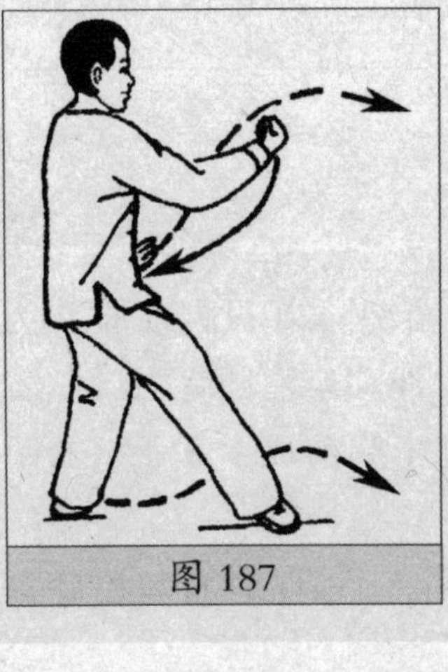
图 187

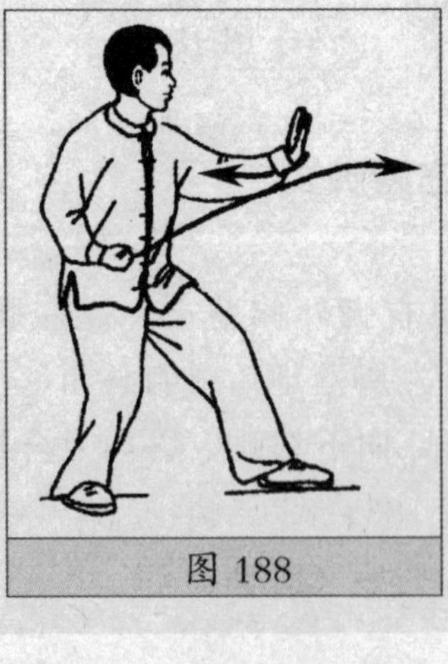
图 188

图 189

（四十六）如封似闭式

动作及要点均与前面（十二）如封似闭式的说明相同。（图 190～图 193）

图 190

图 191

图 192

图 193

（四十七）十字手式

动作及要点均与前面（十三）十字手式的说明相同。（图 194～图 197）

图 194

图 195

图 196

图 197

（四十八）抱虎归山式

动作及要点均与前面（十四）抱虎归山式相同。（图 198、图 199）

图 198

图 199

（四十九）斜揽雀尾式

动作及要点均与前面（十五）斜揽雀尾式相同。（图 200～图 205）

图 200

图 201

图 202

图 203

图 204

图 205

（五十）横单鞭式

图 206

动作及要点与前面（四）单鞭势式相同，唯左脚应向起势方向跨出，并落地成左弓步，方位与中轴线垂直；面向正南。（图 206～图 209）

图 207

图 208

图 209

（五十一）左右野马分鬃式

（1）身体重心微微移至左腿，同时身体微向左方转动，左臂平屈于胸前，右钩手变成掌经体前向左前下方划弧至与左手相对成抱球状（左手心

图 210

图 211

图 212

图 213

图 214

向下，高与胸平；右手心上，高与腰平）；同时左脚跟进至左脚内侧，脚尖点地，眼看左手。（图 210）

（2）上体微向右转，右脚向右前方迈出，左脚跟后蹬，左腿自然伸直，成右弓步；同时上体继续向右转，两手随转体慢慢分开（右手向上，左手向下），右手高与眼平，指尖向前，眼看右手。（图 211）

（3）上体慢慢后坐，身体重心移于左腿，右脚尖翘起微向外撇（45°～60°），随后脚掌慢慢踏实，右腿慢慢前弓，身体右转，身体重心再移至右腿；同时，右手翻掌向下，右臂收在胸前平屈；左手经体前向右上划弧放在右手下，两手心相对成抱球状，左脚随即收至右脚内侧，脚尖着地，眼看右手。（图 212～图 214）

（4）左腿向左前方迈出，右腿自然伸直，成左弓步；同时上体左转，

图 215

图 216

图 217

图 218

图 219

两手随转体分别慢慢向左上右下分开，左手高与眼平（手心斜向上），肘微屈，右手落在右胯旁，手心向下，肘亦微屈，眼看左手。（图 215）

（5）与（3）说明相同，只是左右相反。（图 216～图 218）

（6）与（4）说明相同，只是左右相反。（图 219）

（五十二）进步揽雀尾式

（1）上体后坐，身体重心移于左腿，右脚尖翘起微向外撇，随即右腿前弓，身体右转，重心移至右腿；同时，右手翻掌向下收在胸前，右臂平屈，左手经腹前向右上划弧放在右手下，两手心相对成抱球状，左脚跟步至左脚内侧，脚尖着地，眼看右手。（图 220～图 222）

（2）左脚向左前方迈出，成左弓步；同时左臂向左前方掤出，左手高与肩平；右手向右、向下落于右胯旁，手心向下，眼看左前臂。（图 223）

图 220

图 221

图 222

图 223

图 224

图 225

图 226

图 227

图 228

图 229

图 230

图 231

图 232

图 233

图 234

（3）上体后坐，左脚尖外撇，身体左转；同时，左手翻掌向下，臂平出胸前，右手经腹前划弧与左手成抱球状；右脚跟步至左脚内侧，脚尖着地，眼看左手。（图 224、图 225）。

动作熟练后，迈步时脚尖可以不点地。（图 226～234）

（五十三）单鞭势式

动作与前面（四）单鞭势式相同。（图 235～图 239）

图 235

图 236

图 237

图 238

图 239

图 240

图 241

（五十四）左右穿梭式（面向四斜角）

（1）身体重心略向后移，左脚尖里扣，身体重心又移至左脚，以右脚掌为轴，脚跟内转，身体随之向右后转，两腿扭转成半坐盘势；同时，右手变掌，右臂收至胸前平屈，右手心向下，左手由左向下划弧停在腹前，手心向上，两手心相对成抱球状；然后左脚向左前方迈出一步，成左弓步，左手由脸前翻掌向上举起，置于左额前，手心斜向上，右手则向前方推出，高与鼻尖平，眼看右手。（图 240～图 242）

（2）身体重心移至右腿，左脚尖里扣，身体向右后转，然后身体重心再移至左腿，右脚收至左脚里侧，前脚掌着地；同时左手下落平屈于胸前，右手下落在腹前，手心向上，与左手相对成抱球状，然后左脚掌为轴，身体

图 242

图 243

图 244

图 245

图 246

图 247

图 248

图 249

图 250

再向右后转，右脚向右前方迈出一步，弓腿成右弓步；右手上举置于右额前，手心斜向上，左手则向前推出，眼看左手。（图 243～图 245）

（3）身体重心稍向后移，右脚尖微外撇，随之身体重心又移至右腿，左脚进至右腿内侧，脚尖点地；左手划弧收至腹前，手心朝上，右手落下，右前臂停于胸前，手心朝下，两手相对成抱球状，然后左脚向左前方迈出一步，成左弓步；左手上举置于左额前，手心斜向上，右手则向前推出，眼看右手。（图 246、图 247）

（4）身体重心移于右腿，左脚尖里扣，身体向后转，右脚收至左脚内侧，脚尖点地；同时左手下落，手心向下，前臂平屈，右手划弧收至腹前，与左手成抱球状，然后以左脚掌为轴，身体再向右后转，右腿向右前方迈出一步，成右弓步；同时右手上举置于右额前，手心斜向上；左手则向前推出，眼看左手。（图 248～图 250）

（五十五）进步揽雀尾式

（1）身体重心稍向后移，右脚尖微向外撇，随之身体重心又移至右腿，左手心翻转向上，右手心翻转向下，两手相对在体前成抱球状；同时左脚跟进至右脚内侧，脚尖点地（如果变换身体重心掌握较稳，左脚前进时也可不点地）；然后左脚向左前方迈出，成左弓步；同时两手向左上右上分开，左前臂向前方掤出，高与肩平，手心向后；右手向右下落放于右胯旁，肘微屈，手心向下，指尖向前，眼看左前臂。（图 251、图 252）

（2）身体重心略向后移，左脚尖外撇，身体左转，右脚收至左脚内

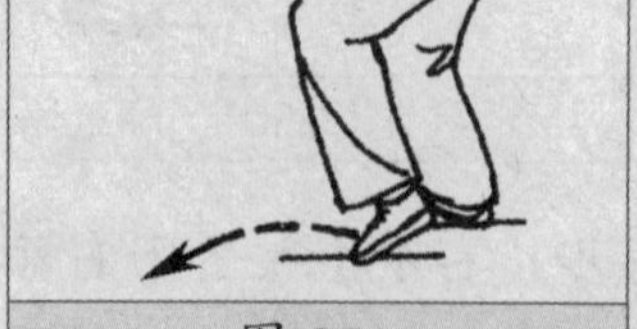
图 251

图 252

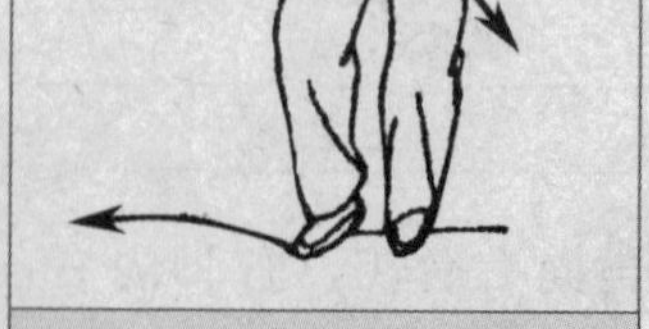
图 253

侧，脚尖点地（熟练后，可以不点地）；同时，左臂平屈胸前，右手经体前向左上划弧，与左手上下相对成抱球状，眼看左手。（图 253）

图 254

图 255

图 256

图 257

图 258

图 259

图 260

图 261

图 262

其余动作及要点均与前面（二十六）上步揽雀尾式相同。（图 254～图 262）

（五十六）单鞭势式

动作及要点均与前面（四）单鞭势式相同。（图 263～图 267）

图 263

图 264

图 265

图 266

图 267

（五十七）云手式和（五十八）单鞭势式

动作及要点均与前面（二十八）云手式和（四），单鞭势式相同。这里，“云手”也应做五个。（图 268～图 282）

图 268

图 269

图 270

图 271

图 272

图 273

图 274

图 275

图 276

图 277

图 278

图 279

图 280

图 281

图 282

（五十九）下势式

身体右转，右脚尖稍外撇，重心移至右腿，右腿弯曲下蹲，左脚掌为轴，脚跟外蹬，左腿伸直，成左仆步；同时，左手随转身动作向上，向右下收至右肩前，然后下沉（掌心向外）顺左腿内侧向前穿出，右钩手在身右侧平举，钩尖向下，眼看左手。（图 283、图 284）

图 283

图 284

（六十）左右金鸡独立式

（1）左脚尖微外撇，右腿渐渐蹬直，上体向前直起，右脚尖里扣，左

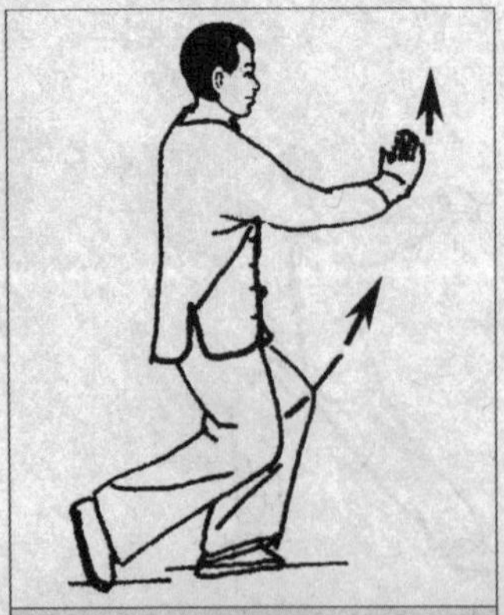

图 285

图 286

图 287

腿继续前弓，身体重心逐渐前移至左腿，然后右腿提起成左独立式；同时右钩手变掌，沿身体右侧向前、向上举起，停于右腿上方，高与鼻平，肘与膝相对，手心向左，左手则下落停于左胯旁，手心向下，眼看右手。（图 285、图 286）

（2）右脚下落于左脚后侧，脚尖稍外撇，左腿提起成右独立式；同时左掌由下向前举起，高与鼻平，肘与膝相对，手心向右；右手落于右胯侧，手心向下，眼看左手。（图 287）

（六十一）左右倒卷肱式

上体微向右转，右手回撤，翻掌，手心向上，随即屈肘，上体微向左转，手掌经右耳旁向前推出，左手后撤至左肋处侧，手心朝上，同时左脚向左后侧方退一步，重心后移，以前脚掌为轴扭直，成右虚步，眼看前方。（图 288、289）

图 288

图 289

其余动作及要点均与前（十七）左右倒卷肱式相同。（图略）

（六十二）斜飞势式

其动作要点均与前（十八）斜飞势式相同。（图略）

（六十三）提手式

其动作要点均与前（十九）提手式相同。（图略）

（六十四）白鹤亮翅式

其动作要点均与前（二十）白鹤亮翅式相同。（图略）

（六十五）左搂膝拗步式

其动作要点均与前（二十一）左搂膝拗步式相同。（图略）

（六十六）海底针式

其动作要点均与前（二十二）海底针式相同。（图略）

（六十七）闪通臂式

其动作要点均与前（二十三）闪通臂式相同。（图略）

（六十八）转身撇身捶式

其动作要点均与前（二十四）转身撇身捶式相同。（图略）

（六十九）斜飞势式

其动作要点均与前（二十五）斜飞势式相同。（图略）

（七十）上步揽雀尾式

其动作要点均与前（二十六）上步揽雀尾式相同。（图略）

（七十一）单鞭势式

其动作要点均与前（二十七上）单鞭势式相同。（图略）

（七十二）云手式

其动作要点均与前（二十八）云手式相同。（图略）

（七十三）单鞭势式

其动作要点均与前（二十九）单鞭势式相同。（图略）

（七十四）高探马式

其动作要点均与前（三十）高探马式相同。为“收势”回到“起势”位置，应做三个。（图略）

（七十五）左穿掌式

右手稍下落，左手经右手背上穿出，伸向前上方，手心斜向上，高与眼平；右手落于左肘下方，手心向下；同时左脚向前迈出半步，成左弓步，眼看左手。（图 350）

图 350

（七十六）转身十字蹬脚式

重心移于右腿，左脚尖里扣，身体由右向后转，重心再移回左腿，右脚跟先离地，然后渐渐提膝；同时两手合抱胸前，右手在外，手心均向里，成十字手式，然后两臂向左右分开，手心转向外，右腿向前方蹬出，眼看前方。（图 351～图 353）

图 351

图 352

图 353

（七十七）搂膝打捶式

右脚在身前落下踏地，脚尖外撇，身体右转，同时右手下落变拳，随转身收至右腰侧，拳心向上，左手上举划弧落于右胸前，掌心向下，指尖向后；然后上体左转，左脚向前迈一步，成左弓步；左手则从左膝前搂过，停于左胯旁；右拳向前打出，高与腹平，拳眼向上，眼看前方。（图354、图355）

图 354

图 355

（七十八）上步揽雀尾式

身体重心略向后移，左脚尖外撇，上体左转，同时右拳变掌收在腹前，手心向上，左手向左后方再向上划弧，与右手相抱（左上右手），同时右脚跟步至左脚内侧，脚尖着地（熟练后，可不点地），眼看左手。（图356、图357）

其余动作及要点均与前面（二十六）上步揽雀尾式相同。（图358～图365）

图 356

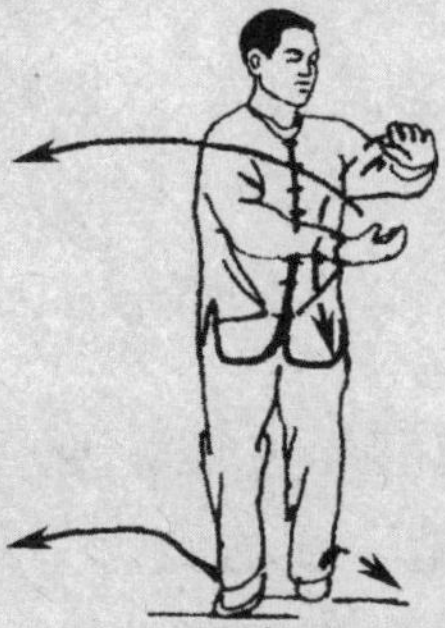
图 357

图 358

图 359

图 360

图 361

图 362

图 363

图 364

图 365

（七十九）单鞭势式

动作及要点均与前面（四）单鞭势式相同。（图略）

（八十）下势式

动作及要点均与前面（五十九）下势式相同。（图略）

（八十一）上步七星式

左脚尖微向外撇，身体重心逐渐前移至左腿，身体起立，右脚向前迈出半步，脚尖点地，成右虚步；同时右手向下、向前划弧，两手变拳在胸前相互交叉成十字拳，右拳在外，拳心朝外，左拳拳心向后，眼平看前方。（图 374）

图 374

（八十二）退步跨虎式

右脚后退一步，同时两拳变掌分别向下、向左右分开，右手向上划弧停于右额前方（掌心斜向外），左手下落停于腰部左前侧，掌心斜向外；重心落于右腿，左脚脚尖点地，成左虚步，眼看前方。（图 375）

图 375

图 376

图 377

（八十三）转身摆莲脚式

（1）以左脚掌为轴，脚跟外转，以右脚跟为轴，脚尖外撇，身体向右后转，左脚随体转（略大于 180°）向前迈出一步，成左弓步；同时，左手（手心转向上）经左腰侧自右手腕上穿出，高与眼平，指尖斜向上；右手则落于左肘下，手心向下，眼看左手。（图 376、图 377）

（2）重心后移，身体继续向右转，左脚尖向里扣，重心再移回左腿，然后右腿提起，右脚由左向右上方摆出（腿自然伸直）；与此同时，左手向外侧上举，两手经头上方先向右然后向左侧摆过，双手拍击右脚面（左先右后），眼看两手。（图 378～图 380）

图 378

图 379

图 380

图 381

图 382

图 383

（八十四）弯弓射虎式

右脚向右前方落下，两手经身前向右后方弧形摆动变拳；右拳由后转至头部右侧，拳心向外，与额角同高；左拳经面前向左前方推出，拳出斜向前，与鼻同高；同时右腿弯曲，成右弓步，眼看右拳。（图 381～图 383）

（八十五）进步搬拦捶式

（1）右脚尖里扣，身体左转，重心移向左腿，左脚随着转体动作使脚尖外撇，随即右脚收到左脚内侧；与此同时，右拳随转体动作向前、向左下

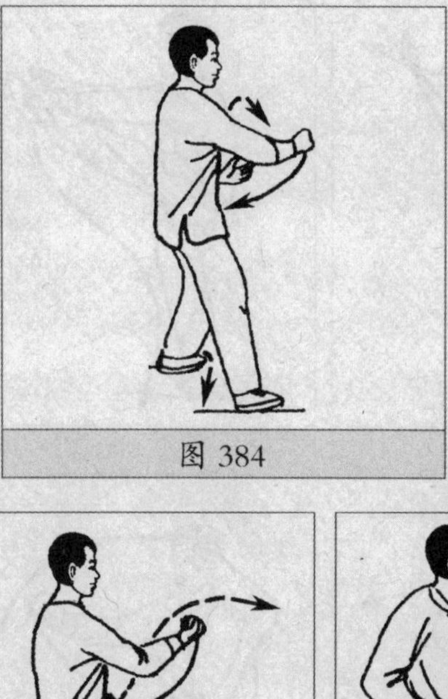

图 384

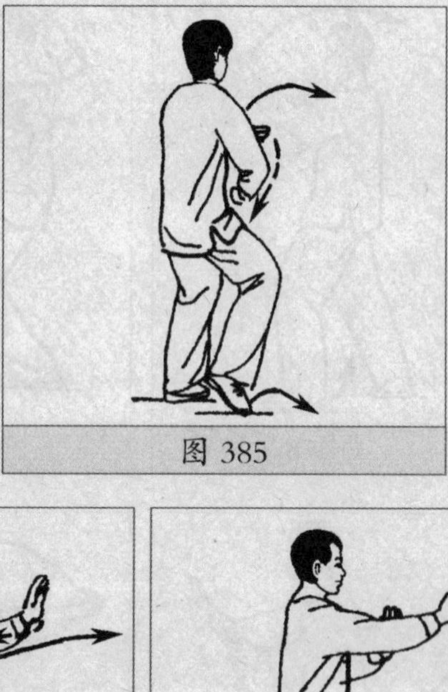

图 385

图 386

图 387

图 388

（2）其余动作和要点都与（十一）进步搬拦捶式（2），（3）相同。（图 386～图 388）

（八十六）如封似闭式

动作和要点都与（十二）如封似闭式、（十三）十字手式相同。（图略）

（八十七）十字手式

动作和要点都与（十三）十字手式相同。（图略）

（八十八）收势

两手向外翻掌，左右分开，手心向下，慢慢下落于两腿外侧，全身放松，眼向前平视，然后左脚向右脚靠拢，立正还原。（图 397～图 399）

图 397

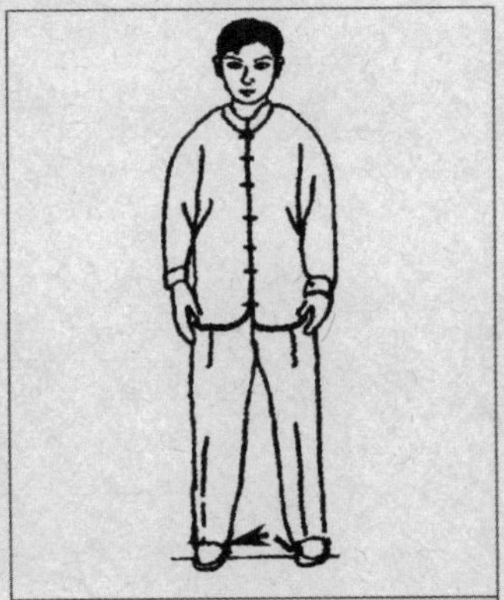
图 398

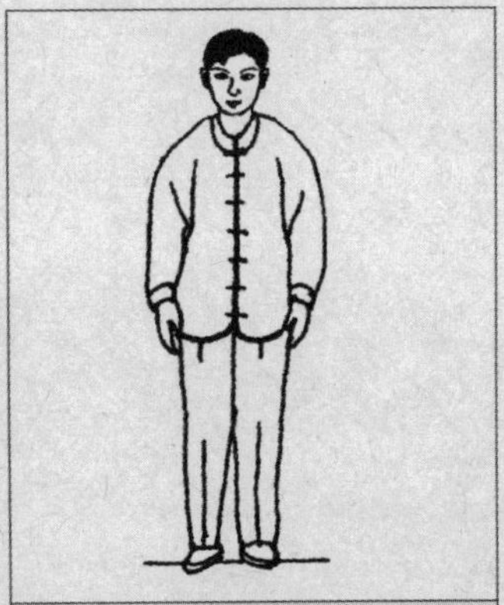
图 399